仕事の未来×組織の未来

WORK WITHOUT JOBS

ラヴィン・ジェスターサン
Ravin Jesuthasan
ジョン・W・ブードロー
John W. Boudreau
マーサージャパン―訳
Mercer Japan Ltd.

ダイヤモンド社

WORK WITHOUT JOBS

How to Reboot Your Organization's Work Operating System

by

Ravin Jesuthasan and John W. Boudreau

Japanese translation published by arrangement with The MIT Press
through The English Agency (Japan) Ltd.

はじめに

新しい仕事の世界を開こう

ここに、ろうそくが1本、画鋲《がびょう》が1箱、ブックマッチが1個ある。これを使って、ろうそくを壁に固定してほしい。ただし、溶けたろうが床に垂れてはいけない。

どうすればそんなことができるだろう?

答えを言ってしまうと、画鋲の入った箱を分解して——つまり画鋲を箱から出して——その鋲で箱を壁に固定し、その上にろうそくを立てればよい。

この問題を何人かにやってもらうと、結果に興味深いパターンが現れる。3点セットが手渡されるとき、画鋲が箱に入った状態で受け取った人は正解にたどりつけないが、箱から出された状態で受け取った人は簡単に答えを見つけてしまうのである。

＊＊＊

仕事は職務記述書《ジョブディスクリプション》に箇条書きのかたちでまとめられるのがふつうだ。「ジョブ」(職務)は、コンピテンシー、パフォーマンス指標、報酬に関する取り決めの基礎となる。しかしその状態では、箱の中に入っている画鋲が役に立たないように、従業員に生産性を発揮させることも、必要な調整を行うことも、エンゲージメントを引き出すこともできない。

＊＊＊

それを実現するために、今日の組織には、「脱構築《デコンストラクション》」と「再構築《リコンストラクション》」の能力が強く求められている。

脱構築とは、仕事の内容を見直して、タスク（業務）やプロジェクトといった構成要素に分解することであり、その仕事をしている人を能力《ケイパビリティ》やスキルの観点から捉え直すことである。再構築とは、そうして分解した仕事（タスクやプロジェクト）と人（能力やスキル）を、組織の構造や所属にとらわれず、新しく最適なかたちに組み合わせることだ。

つまり、ろうそくのパズルと同じように、箱と画鋲を分けて、「鋲を入れた箱」のときとは違う、役に立つ組み合わせに変えるということである。

本書で、私たちは新しいワーク・オペレーティングシステム（ワークＯＳ）を提示する。このＯＳのもとでは、そのような分解と新しい組み合わせがつねに行われ、組織にもリーダーにも、そして働く個人にも、はるかにたくさんの選択肢が与えられる。そこでは仕事、リーダーシップ、文化、組織など、あらゆる概念を根本から考え直すことが求められる。

これからのダイナミックな労働環境において、組織はますますろうそくのパズルに似たジレンマを抱えることになる。いまこそ箱から鋲を取り出すときだ。

＊＊＊

仕事の未来を理解し、効果的に対応するためには、箱から鋲を取り出すように、仕事を分解して再構築することが必要になる。

すでにワーク・オートメーション（人工知能やロボット）やオルタナティブな就労形態《ワーク・アレンジメント》（ギグワークなど）が、これまでにない機会を獲得していることからも、それは明らかだ。明日の世界に備えるためには、仕事をその構成要素にまでさかのぼって考え直すことが必要だ。

本書は、なぜ仕事を分解してタスクやプロジェクトのレベルで考える必要があるのか、働く個人を分解してスキルや能力の観点から把握する必要があるのかを論じる。また、そうすることのメリットは何か、できなかった場合のリスクは何かを説明する。

仕事を取り巻く環境変化は、今後ますます加速する。企業には敏捷性《アジリティ》、自動化、多様性と公平性、そしてこれまでになかった就労形態が求められている。固定された仕事と雇用されている従業員《ジョブホルダー》で構築される伝統的なワークＯＳは、あまりにも扱いにくく、これからの環境に適していないことが明らかになってきている。

本書で私たちは、これからの時代に適した新しいワークＯＳを提示する。仕事を構成要素に分解し、新たに組み替えることによって、仕事そのものを改革しつづけるワークＯＳである。これを実効あるものにするためには、人材マネジメント全体（要員計画、採用・調達、選抜、配属、教育・訓練、エンゲージメント、報酬など）を新しいワークOSの言語に合わせて進化させなければならない。

＊＊＊

本書が紹介するケースを読めば、仕事の自動化や就労者のエンゲージメントの点で先行する企業は、仕事の分解と再構築を行って、新しいOSを定着させていることがわかるだろう。自動化、AIとロボット、ギグ・エコノミー、仕事の未来などへの理解が深まり、有効に対処する方法もわかるだろう。

また、新しいワークOSのもとで、要員計画、採用、配置、育成、労働力や働き方の多様性にどのように向き合うべきか、地に足の着いた現実的なアプローチを紹介する。真の問題解決のためには、職務を固定する伝統的なワークOSの前提を見直す必要があることも示すつもりだ。

Contents

仕事の未来×組織の未来

WORK WITHOUT JOBS

Introduction

新しいワーク・オペレーティングシステム――013

仕事の脱構築と再構築

Chapter 1

新しい仕事観と人間観——061

「職務と人」から「タスクと能力」へ

Chapter 2

ワーク・オートメーション——083

人と機械の最適なマッチングを実現する

Chapter 3

Chapter 4

Chapter 5

仕事の解体と再構築をつづける 173

プロセス・文化・人材・構造・テクノロジー

Chapter 6

新しいＯＳの問題点と解決策 193

経営とリーダーに求められること

Chapter 7

プラットフォーム・ワーカーを守る

報酬・社会保障・能力開発・交渉力

Chapter 8

組織はこうして生まれ変わる——危機的環境変化に対応する仕組み

Introduction

新しいワーク・オペレーティングシステム

仕事の脱構築と再構築

Work as Deconstructed Job Elements versus Stable Jobs

ワーク・オペレーティングシステムとは何か

仕事と個人を分解して再構築した働き方のシステムを、本書では「新しいワーク・オペレーティングシステム」（ワークOS）と呼ぶことにする。

パソコンやスマートフォンなどのOSを考えてほしい。OSというのは、ハードウェアと連携してアプリケーションを走らせるためのソフトウェアだ。OSによって、どんなアプリがどんなプロトコルで機能するかが決まる。

アップルのiOSを搭載したデバイスと、マイクロソフトのウィンドウズOSを搭載したデバイスでは、操作方法が異なる。スワイプかクリックかという程度のプロトコルなら、いずれユーザーは意識しなくなるだろう。しかし、アプリが一方のOSでしか動かないとしたら、アプリを2つ用意しなくてはならない。

ワークOSもそれと同様に、企業のなかでの個人の働き方を決め、企業と外部のつながり方を決めるものである。

伝統的なワークOSでは、仕事は職務として記述され、それを行うのは雇用契約を結んだ従業員《ジョブホルダー》に限定されていた。つまり、仕事がどこで、だれによって、どう進められるかが、コンピュータの

OSのように、融通の利かないプロトコルで固められていたのである。そこでは仕事は、担当する職務、職位、職務要件によって語られる。

学校教育、国や自治体の政策、労働組合といった企業の外の世界も、伝統的なOSの仕様や用語に合わせることで、企業の仕事や職務とのつながりを保っている。

伝統的なワークOSで動いている社会には、〝よい仕事〟や〝よい働き口〟について共通認識があるのがふつうだ。労働者の声は「組合の意見」としてまとめられ、個人の体験は名前のない従業員一般の体験として論じられ、あるべき「従業員への施策」や「正しい雇用関係」のなかで取り扱われる。

このように仕事や役割を固定する古い考え方は至るところに存在しているため、日ごろほとんど意識されることはないが、新たな課題に直面するとその姿を現す。

それをワーク・オートメーション（自動化）という課題を例にとって考えてみよう。自動化といっても、仕事のすべてが自動化されることはほとんどない。職務を構成するタスク（業務）の一部が自動化されるだけで、それ以外は引き続き人間が行うのがふつうだ。

では、職務の80％は人間が行い、20％が自動化されることになったら、伝統的なOSではその職務をどう職務記述書に書き込むのだろう？　自動化によって人間が生産性を50パーセント高めたら、報酬をどう決めればいいのだろう？

こうした疑問に答えるためには、仕事を分解して状況を再解釈しなくてはならない。つまり、自動化を進めるためだけでも、仕事の分解と再構築が必要なのである。

最適な仕事を実現するための発想

人間の仕事がロボットやチャットボット、ＡＩに単純に置き換わってしまうことはめったにない。自動化を成功させるためには、仕事を発明しなおして、人間と機械がいっしょに働く方法を最適化しなくてはならない。自動化できる仕事は限られており、多くの部分はこれからも人間が行うからだ。

たとえば、インフラ（送電線やパイプラインなど）の検査や補修などの仕事は、物理的検査、データの記録、潜在的な障害の診断、不具合の修理といったタスクから成る。最近は、検査やデータの記録は人間と機械（ドローンやセンサー）の組み合わせで行い、人間は診断と問題解決などの創造的作業に専念し、修理は機械を遠隔操作して行う、といった仕事の進め方が増えている。

このとき、「自動化で検査員・修理作業員を何人減らすことができるか」などと考えていたら、仕事の再構築はできない。だが、仕事を分解して、タスクごとに人間と機械の合理的な組み合わせを考えるなら、最適な自動化を実現するのは難しくない。

変化に対応する新しい就労形態

オートメーションと同様、雇用形態においても、フルタイム雇用ではない「新たな就労形態《オルタナティブ・ワーク・アレンジメント》」（独立業務契約者《インデペンデント・コントラクター》、フリーランサー、ボランティアなど）が、すべての従業員に取って代わるということはめったにない。フルタイム雇用の従業員が行っている業務の一部は独立業務契約者やフリーランサーが行うことになるかもしれないが、残りの多くの仕事は依然として従業員が行うはずだ。

それは銀行の窓口担当や小売店の販売員の仕事を考えてもわかる。従来は、顧客対応から棚の商品補充、代金のやり取りや在庫の記録まで、すべて現場にいる人間が行っていた。しかしクラウド技術によって、業務の一部はリモートで行えるようになった。たとえば、オンライン・ショッピング客へのアドバイス、銀行サービスの説明、顧客からの苦情や返品への対応、商品やサービスを改善するための顧客データの分析などだ。そうした仕事はリモート・プラットフォームを通じて処理することができる。

もちろん、リモートワークに移行できる業務は仕事の一部にすぎない。銀行や小売店には、来店客への対応や商品の説明など、リモートではできない業務が依然として存在するが、業務がリモートに移行するにつれ、出社して対面で顧客に接する販売員は、顧客の購買履歴を記録したクラウドデータを活用するなどして、顧客に満足してもらえる接客に集中できるようになる。

この方向がさらに進むと、リモートワークは、従業員ではなくフリーランスの個人によって行われるようになるかもしれない。それにより、ワーク・オートメーションと同様、従来はフルタイム従業員の仕事であった業務の一部が、新たな就労形態の個人によって行われるようになるだろう。

学校教育が提供する能力の可視化

伝統的なワークOSでは、会社で働いているのはそこで「雇用されている従業員《ジョブホルダー》」なので、個人のスキルや能力は部門名や職務名で人材管理システムに記述される。入社した時点で会社の特定の仕事に紐づけられ、それ以後のキャリアも担当した職務の名前で記録される。

多くの企業が、従業員の能力を詳しく把握するコンピテンシー・システムを採用しているが、それとて、そこまでのキャリアの延長線で従業員の将来の仕事を捉え、その仕事と従業員の適合性を判断するために使われているにすぎない。

教育についても、伝統的な人材管理システムでは、従業員が受けてきた学校教育を「学位」や「資格」といったラベルで把握し、それを仕事と結びつける。だが、環境の変化が加速し、会社も従業員もますます速く動く必要に迫られるなかで、そのような固定的な方法では現実に合わなくなりつつある。そこで、たとえば大学は、提供する教育をざっくりとした学位で示すのではなく、教育内容を構成要素に細かく分解したかたちで示すようになっている。それによって卒業生の能力を企業が把握しやすくなり、業務上の必要とマッチングしやすくするためである。

だがその取り組みも、よく見ると、ワークOSは従来のままで、学生を正社員として採用し、しかるべき部署に配属するのを便利にするために使われているだけという場合が多い。これでは、仕事のあり方が変化している状況では早晩行き詰まる。真の解決策は、分解された個人の能力と分解された仕事をピンポイントで適合させることができる新しいワークOSにある。

人材マーケットプレイス

企業のなかでは、社内人材マーケットプレイス[*1]（「インサイド・ギグ」と呼ばれることがある）が、1人の従業員は一時《いっとき》に1つの仕事にしか就けないという考えを打破しようとしている。

この種のプラットフォームは、仕事をタスクやプロジェクトに分解して提示し、広く従業員に参加を呼びかける。募集を見て手を挙げた従業員は、自分のメイン業務以外のタスクやプロジェクトに加わることができる。手を挙げる理由は、メインの担当業務では発揮できない能力を活かすためであったり、担当業務とは無縁のプロジェクトやチームとつながるためであったり、メイン業務以外で会社のミッションに貢献するためであったりする。

人材プラットフォームには、タスクやプロジェクトと従業員を結びつける機能だけでなく、能力やスキルを記録することによって、従業員に対し、次に求められるものは何かを示す機能もある。

このように人材マーケットプレイスによって、これまで仕事の名称でしか把握できていなかった従業員の存在を、スキルや能力という細かい解像度で可視化することができる。会社と個人のニーズをマッチしやすくすることで、現在の業務では使われていない能力を活用する機会を増やす効果が期待できる。

「脱構築」することで「全存在」が生きる

「脱構築ワーカー」という用語には、個人を能力の寄せ集めのように捉える非人間的な響きを感じる人がいるかもしれない。「流動的な仕事」とか「流動的な労働者」という言葉も使われるが、これにも非人間的な印象を受ける人がいる。映画『オズの魔法使い』で、西の悪い魔女が水を浴びて溶けてしまう不穏なシーンを連想する、という感想を聞いたこともある。

しかし、新しいワークOSの効果はそんな懸念とは真逆で、従業員のエンゲージメントを高める人間的なものだ。会社は、これまでは現在の仕事とも将来の仕事とも関係がないために可視化されていなかった従業員の能力に気づき、活用できるようになる。従業員は「丸ごとの存在《ホール・パーソン》」として仕事に関わることができるようになる。

たとえば、あるメディア企業では、経理担当者が、社内の人材マーケットプレイスを利用して、次の映画の予告編のナレーションという仕事を獲得した。従来の役割固定型《ジョブ・ベース》システムでは、経理担当者がナレーションを吹き込むなどということは起こらなかったはずだ。しかし、分解されたタスクと能力を可視化する新しいシステムによって、経理担当者はその役割を獲得し、能力全開で組織に貢献することができたのである。

柔軟な雇用に向けて――可能性と問題点

ギグワーカー、ＡＩ、ロボティクスなど、仕事の進め方の選択肢が増えるなかで、雇用は人と仕事をつなぐ主要な仕組みではなくなりつつある。仕事を雇用という枠組みで捉え、働く個人を被雇用者に限定してしまうと、多様な働き方も、人間と自動化の最適な組み合わせも見えなくなってしまう。

仕事を進めるうえで、すべての関係者のあいだのやり取りを、シームレス、効率的、公平、そして透明にするための社会政策を定着させる鍵は、仕事の脱構築にある。通常のフルタイム雇用も、ますます新しいワークＯＳの特徴を帯びていくだろう。仕事の基本単位を職務《ジョブ》とし、職務を担うのは雇用関係のある労働者（従業員あるいは業務契約者）だけという考えから離れることができれば、伝統的なＯＳでは得られなかった洞察と選択肢を得ることができる。

雇用へのこだわりが雇用を妨げている

実際のところ、いまだに、フルタイム雇用された正社員という就労モデルの上にあらゆる社会制度が構築されている。

政策立案者も市民も、正規雇用されていない労働者が置き去りにされている現状に問題を感じ、労働者を正規の従業員として処遇するよう企業に圧力をかけている。企業負担の健康保険、退職金や年金、失業保険、会社と交渉するための組合結成などのメリットを与えるためだ。

政治家の多くも、労働政策や失業対策を、いわゆる〝よい仕事〟の維持、再建、創出という文脈で摸索する。しかし、そのような雇用への固執が、逆に問題解決を妨げている。

新しい仕事の世界は、雇用という枠組みにはおさまらない。[*2] 激変する仕事の環境に経済を適応させたいと願うリーダーは、プラットフォームを介したものも含め、新しい就労形態[*3]にもっと注目しなければならない。これからの政策立案者、研究者、経営者、そして働く個人は、仕事について語るとき、「就職」とか「解雇」とか「離職」といった言葉で考えることをやめて、ワーカーを「グローバルなフリーランスの専門家」というような概念で捉えることが求められる。[*4]

「工場に雇用を取り戻す」新たな方法

工場労働者の雇用を取り戻すというのは一筋縄ではいかない課題であり、解決策のように見えるものにも一時的な効果しかない。

エコノミスト誌が次のように論じている。「製造業における半熟練労働者の雇用は今後、米国だけでなく、どの国にも戻ってくることはない。工場の海外移転が原因という単純な話ではないからだ。生産性向上とコスト削減のための新しい製造プロセスによって、単純反復労働とそれ以外の業務の分離が進み、米国の雇用は破壊されてしまった」[*5]

ウォールストリート・ジャーナル紙が最近、レックスノード（Rexnord）という製造会社で働いている機械工の体験を報じた。会社が工場移転を決めたとき、勤続12年のベテラン従業員が、移転先の工場で採用されたメキシコ人労働者を訓練するよう会社から命じられた。インディアナポリスに住むこの機械工は、「自分の仕事を奪う後任に仕事を教えろと言われて腹が立った」と語った。[*6]

だがレックスノードは、工場を移転するからといって、米国人労働者を解雇する必要はない。同社の機械工は、いまやメキシコ人労働者に仕事を教えるトレーナーになった。新しいOSでは、彼の仕事は、トレーニング（長い経験がなければできない仕事）と機械操作（一定の訓練と短期的な経験でマスターできる仕事）に分解される。ベテラン機械工は、後者の仕事は失っても、前者については、リモートでの新人教育で引き続き収入を得ることも、会社に付加価値を提供することもできる。

フリーランスのためのプラットフォームであるアップワーク（Upwork）には、オンラインのビデオ会議やWebexミーティングを通じてトレーニングを提供する「フリーランス・ネットワーク・トレーナー」の求人情報がある。この種のプラットフォームで、離れた場所にいる経験豊富なオペレーターと未経験のオペレーターをマッチングさせれば、従業員と会社の両方に経済的価値をもたらすことができるのではないだろうか。

ギグ・エコノミーと社会制度

コロナ・パンデミックをはじめとする危機によって、ますます多くの知識労働が「ギグ・エコノミー」化するという見方が強まった。[*7]「ギグ」というのはあまり感心できない用語だが〔一度限りの演奏を意味するスラング「gig」に由来〕、そうした仕事がプラットフォームを通じた単発の仕事に切り刻まれていくという一般的な考えを反映している。

フリーランス・プラットフォームとかギグ・エコノミーというと、ウーバー（Uber）、リフト（lyft）、タスクラビット（TaskRabbit）といったサービスを思い浮かべる読者が多いと思うが、そのほかのプラットフォームも進化しており、コンピュータ・コーダー、特許法務、メディア制作など、さまざまな仕事について人材の登録を受け付け、マッチングさせ、賃金が支払われる仕事が生み出されている。

こうしたプラットフォームは、ギグワーカーのことだけを扱っているように思われがちだが、職を失った従来型労働者にも対処しようとしている。マッキンゼー・グローバル研究所のレポートは、オンライン人材プラットフォームは2025年までに世界の雇用を2・4％増加させると推定している。[*8] さらに、世界で2億3000万人以上の労働者が求職に要する期間（失業期間）を短縮するとともに、これまでつかめなかった機会を提供できる可能性があるとしている。

流動的な労働システムに存在する、このような隠れた価値は、「無形経済」[*9]の一要素と考えることができる。それは経済統計や企業会計には表れにくいが、企業の垣根を越えて社会全体のなかに存在する価値であり、企業はそれを利用すべきである。

離職者を支援するプラットフォームを拡大するには、仕事を分解し、労働者の能力と機会をさまざまな角度で把握して、企業、政府、利害関係者、人事専門家によって構成される新しい労働エコシステムを構築する必要がある。大がかりな投資になるだろうが、社会的・経済的に大きな見返りがあるはずだ。

市民は失業問題への対処を企業、政府、社会に求めるが、昔ながらの安定した仕事を維持し、取り戻すことはますます非現実的になっている。もはやこの問題は、昔ながらの雇用を推進するという政策一本槍で解決できるものではない。よりよいプラットフォームを構築し、その認知度を高めて使い勝手のよいものにするような社会制度も並行して追求する必要がある。

もちろん、ワークOSさえ新しくなれば問題がすべて解決するわけではない。伝統的なワークOSが変化するニーズを満たせないのと同様、新しいOSも、収入、医療、労働者の権利保護、医療保障、退職後の生計など、人間の基本的なニーズを満たすうえで十分とは言えない。こうしたニーズを、新しいシステムに効率的に付加していくことが今後の課題である。

企業と学校教育のマッチング

労働力の育成と送り出しに関して、企業、政策立案者、教育者たちは、教育内容や資格を学位で表す従来の方法では変化に追いつけないというジレンマを感じており、教育（学位や資格）と仕事をきめ細かくマッチングさせる柔軟な考え方を求めている。

そのため、教育と仕事を連携させる「スキルベース」のアプローチが広く受け入れられるようになってきた。学位をスキルに分解し、一連の信用証明を学生に付与するプロセスとして教育を提供することが摸索されている。個人は、学校と会社のあいだを自在に行き来しながら、細かく分解されたスキル要件を断続的に取得するようになっていくだろう。

最終的に、企業と学校教育は、職務と学位をマッチングさせるのではなく、タスクやプロジェクトと細かい教育内容や資格をマッチングさせる方向に進んでいくことになる。そうなれば教育機関、学生、企業にとって、仕事の変化に教育を対応させることが容易になる。中身がよくわからない学位と仕事を結びつけようとしていたときには見えなかった選択肢が、仕事と学位を分解することで具体的なかたちで見えてくるからだ。

「未来はまだら模様でやってくる」

企業は、仕事と労働者の流動性に対応でき、組織のアジリティを支えてくれる新しいワークOSを必要としている。私たちはこれまでに、『仕事の再定義』（*Lead the Work*）と『仕事の再構築』

(*Reinventing Jobs*)という2冊の本を書き、仕事をタスクに分解し、労働者をスキルや能力に分解する必要性を論じ、実行を呼びかけてきた。*10

『仕事の再定義』では、働き手を確保し、適切な報酬を与え、エンゲージメントを引き出す新たな選択肢を提供するためには、仕事を分解することが不可欠だと述べた。仕事のなかにはフルタイムの従業員が行うのが最適なものもあれば、フリーランス、業務契約者、ボランティア、ゲーマー、その他の契約に基づく個人が行うのが最適なものもある。

『仕事の再構築』では、その考えをワーク・オートメーションに広げた。自動化に関する調査のほぼすべてが、「自動化によって従業員の雇用が失われた」ケースはごく稀《まれ》だと結論づけている。人間と機械を正しく組み合わせる方法を理解することによって、はじめて最適な自動化を実現できる。人間の仕事を自動化で強化したり再編成したりするには、仕事と労働者の分解が不可欠である。固定された仕事を固定された従業員が行うという伝統的なワークOSにとらわれている経営者は、ワーク・オートメーションの最適化はおろか、それを理解することもできないだろう。

これら2冊の本で、私たちは仕事の脱構築の効果を論じ、それがワーク・ソリューションを明確化し最適化することを論じた。そのソリューションは、固定的な雇用関係にとらわれることなく、人間と自動化を最適に組み合わせるものである。本書はその議論をさらに進め、実際に仕事の脱構築を果たした企業がどんな効果を享受できるかを論じる。

そのため、本書はまず、新しいワークOSの原則と構成要素を説明する。次に、多くのグローバル企業と共同で行った広範なフィールドワークや、「世界経済フォーラム」や「人事の未来に関するグローバルコンソーシアム」（CHREATE）といった有力機関との共同調査で得られたケースを用いて、新しいワークOSの全容を提示する。こうした実例を読めば、新しいワークOSが企業を悩ませているジレンマに対処するためのフレームが見えてくるし、新しいワークOSを適用するための具体的な方法を考えるうえでも役立つはずだ。

米国のSF作家ウィリアム・ギブソンの言葉を借りて言えば、どんな変化も「まだら模様でやってくる」。企業によっては、雇われた「従業員」がほとんどの仕事をする伝統的なワークOSが有効な仕事がまだ残っているかもしれない。だが、それを言い訳にして、変化を無視してはならないし、仕事と労働者の脱構築の必要性を否定してはならない。

私たちのフィールドワークで明らかになっていることは、新しいOSを最も必要としているのは、新しいテクノロジーが登場し、新しい就労形態が最適になるような転換点《ティッピング・ポイント》にさしかかっている仕事だということだ。そうした仕事を行う能力を高め、自動化の効果を最大化するのに必要なのは、技術進歩ではなく仕事の最適化であり、現在のものとは根本的に異なる新しいパラダイムなのである。

ＡＩとロボティクスが普及するにつれ、ますます多くの企業と仕事がこの転換点に立たされる。本書は、組織のどこにそうした転換点が存在するのか、あるいは迫って来ているのかを診断するのに役立つ。本書を読んで、仕事の未来に備えていただきたい。

自動化についての間違った思い込み

ワーク・オートメーションは、テクノロジーは何人の雇用を奪うか、という単純な切り口で論じられることが多い。

だが、たとえば銀行の窓口業務担当者の数は、ATMの増加とともに増えている。1985年、米国の銀行には6万台のATMがあり、48万5000人の窓口担当者がいた。2002年、ATMは35万2000台、窓口担当者は52万7000人である。

ATMの普及と窓口担当者の増加が同時に起こった理由について、ジェームズ・ベッセン〔テクノロジストでもある経済学者〕は次のように説明している。[*11] かつて銀行の支店では平均20人の従業員が働いていた。ATMの普及によってその数は13人程度にまで減少し、銀行は支店を開設しやすくなった。一方、銀行の取引件数は急増し、顧客サービス競争が激化した。こうして、より多くの銀行員が、より多くの支店で、以前の窓口担当者より複雑な仕事をこなすようになった。

さらに最近では、個人用デバイスやクラウドを介した取り引きにより、銀行の業務はさらに変化している。米国では10年間で8000以上の支店が閉鎖され（1州あたり平均150以上）、取り引きの90％以上がオンラインで行われるようになったが、従業員数は200万人超の水準で比較的安定している。[*12]

銀行にはいまもリアルな支店網があるが、顧客担当者はスマートフォンやタブレットを使って顧客をサポートできる。顧客のほうからオンラインでアプローチしてくることもある。たとえばバンク・オブ・アメリカでは、ハイブリッド・バンキングの新しい試みが行われており、オンラインで顧客担当者と直接やりとりができる無人の小規模支店網が構築されている。[*13]

自動化を単純な切り口で論じることの危険性

ATMと銀行従業員の話は、経営者、労働者、そして政策立案者に重要な教訓を与えてくれるし、「テクノロジーは人間の仕事を奪う」という単純な考えにミスリードされてしまう危険性にも気づかせてくれる。

ワーク・オートメーションによって企業と社会が突きつけられている問題を解決するには、人間と自動化を最適に組み合わせる必要がある。

銀行の窓口業務のなかには、「情報の記録や文書化」「コンピュータ操作」など、自動化できる可能性が高いものがある一方で、情報処理能力の強化やアルゴリズムによって人間の能力が強化されるものの、人間が完全に不要になるわけではない業務もある。後者には、「顧客や同僚への支援や配慮」「対立の解消や交渉」「顧客や同僚のための情報収集、解釈、説明」といった業務がある。

あるいは、新しく生まれる業務や、次元を高めて一新される業務もあるだろう。「意思決定と問題解決」などはその例で、自動化されたデータベースと意思決定ルールが、それなしでは考えられなかったほど人間の認知能力と判断力を向上させるだろう。

こうして銀行の窓口業務は進化して、単純業務はなくなり、リモート勤務の顧客担当者が自動化の助けで業務効率を向上させ、高度な仕事をこなすようになる。

自動化の効果をコスト削減だけで測ってはならない

経営者はいまだに、「人を機械で置き換える」というロジックで自動化の売り込みを受けることが多く、自動化のメリットを人件費の削減という観点で評価している。

もちろん、コスト効率だけを目的とする自動化は稀で、多くの企業がスピード、信頼性、インサイト、そして顧客価値を向上させるために自動化に投資している。だが、そういう目標を掲げていても、実際には人間の仕事の単純な自動化をめざしていることが多く、人と機械の最適な組み合わせを考えようとする姿勢も、そのためのフレームワークもないことが多い。

仕事の設計を考え抜いていないために、自動化しても目的を達成できず、しばしばかけ声倒れに終わっている。このジレンマを解決するのが、人間の仕事をタスクと能力に分解し、改めて組み合わせる新しいワークOSである。

増えていく新しい就労形態

今日、仕事の多くは、フルタイムの従業員ではないだれかによって行われることが増えている。新しいワークOSは、特定の就労形態に縛られない。多様な働き方を可能にするためには、境界線で区切られた組織のなかで決まった仕事を行うフルタイムの従業員だけを働き手とするのではなく、多種多様な就労形態を取り入れる必要がある。新しい形態には次のようなものがある。

● 独立業務契約者《インデペンデント・コントラクター》
● フリーランサー
● ボランティア
● ギグワーカー
● 自社の人材マーケットプレイスを介した社内人材（フルタイムの正社員が、本来の職務ではないプロジェクトや任務に従事するようなケース）

もちろん、フルタイム雇用の従業員もこのリストに含まれて然るべきだが、それが唯一の選択肢であってはならない。１つの会社にフルタイムで雇用されて働くというのは、エンゲージメントを高めるための、いくつかある選択肢のうちの１つでしかない。

ところがほとんどの企業で、このリストに登場するのはフルタイム従業員だけだ。業務契約者がいる場合でも、同じ仕事をしているほかの従業員とは別枠で、調達部門の管轄下に置かれていたりする。ＨＲ部門（人材マネジメント部門）も調達部門も、従業員と業務契約者の組み合わせを最適化することなど考えていない。それどころか、業務に必要な情報システムの利用にも難色を示し、禁止することさえある。

伝統的なワークＯＳの弊害

企業や社会は、個人、就労者、潜在的就労者の能力をどのように把握すればよいのだろう？　伝統的に、企業は労働者の能力を職務と結びつけて把握している。従業員を雇うとき、とりあえず候補者がエントリーレベルの職務に就く能力があるか、先々社内で別の仕事をさせることができそうか、ということぐらいしか見ていない。

研修プログラムは伝統的に、従業員を社内の特定の仕事に就かせる準備のために行われており、人材管理システムには、従業員がどの部署に所属してどんな仕事をしてきたかの記録が残される。

履歴書には、過去と現在の職位と職務が記載されている。

学校もこれまでずっと、学生が何を学んだかを、授与する学位によって説明してきた。なんらかの専攻科目を修了した証拠として授与されるのが学位だ。

伝統的なワークOSは、自社の研修プログラムと学校教育の2つを合わせ、複数の条件で仕事に就くための要件を記述し、それを満たす学位や履歴を持つ候補者を探す一方で、条件のいずれかを欠く候補者をふるい落とす。

こんな方法で仕事と個人を見ていたのでは、仕事の最適化はおぼつかない。そんな伝統的OSには2つの大きな弊害がある。

弊害1──職務経験や学位と無関係な能力を把握できない

従業員の資格が学位や過去に経験した職務のリストのなかに埋もれてしまい、それと関係のない能力を把握することができない。

レジの精算業務を自動化しようとしている小売業の会社を考えてみよう。この会社が、レジ打ちをしている従業員の能力を、「レジ担当」という職務履歴によってしか把握できていなければ、レジが自動化された時点でこの従業員を解雇し、自動精算システムのプログラミングと保守ができる従業員を新たに雇うしかないと考えるだろう。これまでの人材管理システムでは、この従業員については、「レジ打ちができる」ということしかわからないからだ。

しかし、レジ担当者は、通信講座や地元の大学の社会人講座などで、コンピュータ・コーディングやシステム管理などの業務に必要な教育を受けていることが少なくない。だとすれば、新しい仕事をこなすのに必要な能力をある程度持っていることになる。固定的な職務と雇用に基づくワークOSでは、従業員の隣接能力を見ることができないために、レジ担当者がシステム管理者やコーダーになる可能性に気づくことができない。

労働者の能力や資格要件のすべてを記録している企業は、従業員を〝まるごと〟把握することをめざしている。いま就いている仕事に関係があるのはその人の能力や資格の一部だけで、仕事が変われば、別のものが大きな意味を持つかもしれない、だからそれを把握しておこう、という考え方である。

弊害2――仕事にふさわしい人材を発見できない

伝統的なワークOSでは、仕事に必要な資格を完全に備えているかどうかという基準でしか従業員を評価できない。そのことがもたらす第2の弊害は、これまでその仕事を経験したことがない従業員は、自動的に「不適格」と判定されるということである。

だが、仕事を最適化するにはもっときめ細かいアプローチが必要だ。特に労働力不足や変化の激しい時代には、「この仕事に完璧にマッチするのはだれか」と問うのではなく、「この仕事にほぼマッチしそうなのはだれか」、そして「完璧にマッチさせるためには何が必要か」を問うことが重要だ。

「ほぼマッチする」人材を見つけるためには、人を学位や職務経験で見るのではなく、さまざまな能力の保有者として把握できる人材管理システムが必要だ。それがあれば、「ほぼマッチする候補者」を「完璧にマッチする人材」にするためには、どんな能力を追加すればよいかもわかる。

もちろん、現行のシステムも、それなりにきめ細かくなってきている。ほとんどの企業は、個人の職務経歴だけでなく、ケイパビリティ（スキルとかコンピテンシーなどと呼ばれている）も細かく記録するようになっている。

教育機関も、提供する教育の内容を分解することをますます強く求められており、企業に在籍したまま柔軟に出入りできるコースを設けて、「累積可能な資格《スタッカブル・クレデンシャル》」[14]を提供するようになっている。継続的に学校に在籍しなくても、断続的な履修が学位取得要件に加算されるというものだ（151ページ参照）。

仕事が構成要素としてのタスクに分解されるのと同じように、個人の能力を分解するシステムがいままさに始まりつつある。

新しいワークOSの4原則

新しいワークOSには、以下の4つの原則がある。

- 現在の職務を前提とせず、仕事を分解して、達成すべきタスクを見る。
- 人間と機械を融合させる（人間を単純に自動化で置き換えるのではない）。
- あらゆる就労形態を考慮に入れる（正規雇用、ギグワーカー、フリーランス、アライアンス、プロジェクトベースなど）。
- 人を職務に縛りつけず、自由な人材移動を可能にする。

これらの原則に、新旧のワークOSの違いがはっきり表れている。以下、それぞれの原則について説明しよう。

原則1――現在や将来の職務ではなく、まず仕事から考える

伝統的なワークOSは、職務とフルタイムの従業員が前提となっていて、それが大きな問題を生んでいる。たとえば、なんらかの業務プロセスを自動化する場合のことを考えてみよう。伝統的OSで仕事を設計しようとすると、次のようなことを考えなくてはならない。「自動化によってなくなる職務は何か？」「いまの従業員に新たな仕事をさせるために必要なトレーニングは何か？」「必要なスキルのある従業員を新たに雇うのに必要なコストは何か？」

どの問いも、仕事を近視眼的に捉えているため、重要な機会や課題を見落としている。これに対し、新しいワークOSでは、自動化の取り組みは次のような問いから始まる。

- 現在および将来の仕事が果たすべきタスクは何か？（現在の職務と関係なく考える）
- それを遂行するために必要な能力は何か？
- その能力を現在持っている就労者、あるいは将来その能力を獲得する可能性のある就労者はだれか？（現在行っている職務と関係なく考える）
- その能力を発揮させるための最適な就労形態は何か？（正規雇用以外の選択肢も考える）

原則2――人間とオートメーションを融合させる

伝統的なワークOSは、オートメーションが人間の労働に取って代わることを前提としているが、実際はそんな単純な話ではない。その点、新しいOSは人間と機械のはるかに微妙な関係を捉えることができる。タスクと目的の特性いかんで、自動化は人間の仕事を代替、補強、あるいは一新することができる。新しいワークOSは、企業に次のようなより良い問いを発する。

①自動化したい基本的タスクは何か？
②各タスクの特性は何か？（反復的か可変的か、頭脳的か物理的か、独立的か相互作用的か？）

③各タスクは何を解決しようとしているのか？
④自動化で人間の仕事を代替したいのか、補強したいのか、新しい仕事を生み出したいのか？
⑤どんな自動化が可能か？（ロボティック・プロセス・オートメーション、コグニティブ・オートメーション、ソーシャル・ロボティクス、コラボレーティブ・ロボティクス）
⑥職務とプロセスの全体で、人間の仕事と自動化された仕事の最適な組み合わせは何か？

最初の問いが、職務全体ではなく、分解されたタスクに焦点を当てていることに注目してほしい。この根本的な捉え直しによって、それに続く問いの分析も適切なものになる。

最近、コロナ感染の大流行によって加速された面が大きいが、さまざまな領域で作業の自動化が目覚ましく進んでいる。病院ではロボットが患者を遠隔モニターし、体温を測れるようになり、ビルではロボットが清掃や消毒を行うようになった。感染リスクを減らし、感染発生時のダウンタイムを減らすために、倉庫業務や製造現場での自動化に関心が高まり、先進的な取り組みも始まっている。

しかし、このような技術革新によって、人間の仕事がなくなってしまうわけではない。人間の役割は、単純労働から問題解決へ、自動化された施設の維持管理へと進化していく（詳しくは後述）。そこからもたらされる仕事の成果は、たんに人を機械で置き換えることによってではなく、この6項目を熟慮して適用した結果でなくてはならない。

看護師の仕事を自動化する

右に挙げた6つの問いの意味を明確にするために、病院にロボットを導入する場合を考えてみよう。人間と自動化の最適な融合とは何か、わかっていただけると思う。

①自動化したいタスクは何か？

「ロボットが看護師に取って代わるのか？」と一足飛びに問うのではなく、まず看護師の仕事を分解することが大切だ。そうすれば、患者のチェックや検温といった日常的なタスクと、患者の容態の変化への対応や薬の投与など、看護師の資格がなくてはならないタスクがあることが可視化される。

②タスクの特性は何か？

声がけした患者の反応をチェックしたり、体温を測るといったタスクは、反復的で物理的だ。わずかに相互作用的な特性はあるものの、自動化に向いているタスクであることがわかる。一方、患者の容態への対応や薬の投与などは、すぐれて可変的で、頭脳的で、相互作用的な仕事なので、看護師の資格を持つ人間が行うのがふさわしい仕事だといえる。

③そのタスクは何を解決しようとしているのか？

検温や声がけのタスクなら、看護師でない人が行っても、最低限の基準を設けたり、明らかなミスを避ける手順を工夫すれば、作業の価値を高めることができるし、結果に大きな違いは生じない。一方、患者の危機に対応したり薬を投与したりするタスクは、高度な基準を満たす必要があり、作業の質が結果の価値に重大な違いをもたらす。

もちろん、看護師が患者の体温を測るほうが、人間的な触れあいがあり、患者の回復の助けになるかもしれない。それも含めて仕事を分解することが、仕事と目標の関係を考えることにほかならない。「人間的な交流」と「検温」というタスクを切り分けることで、患者に薬を与えるというルーティン化した仕事のなかにも人間的な交流の要素が含まれていることがわかる。

④オートメーションは人間の代替か？　補完か？　新しい仕事を生み出すのか？

仕事をタスクに分解することによって、ロボットは検温や患者の反応のチェックというタスクについては、人間の代わりを務められることがわかる。つまり、自動化によって仕事が補完され、看護師はより重要な業務に集中できるようになるということだ。

⑤そのタスクに導入可能な自動化は何か？

看護師の仕事の自動化のためには、ロボティック・プロセス・オートメーション、コグニティブ・オートメーション、ソーシャル・ロボティクス、コラボレーティブ・ロボティクスなど、さまざまな種類が考えられる。

体温測定や患者の状態を確認する作業を自動化するには、ロボティック・プロセス・オートメーションが有効だ。患者が無反応だったり、高熱が続いた場合に看護師に警告するようモニターが組み込まれていれば、コグニティブ・オートメーション（AI）を使うこともできる。ロボットが患者のあいだを物理的に移動しながら、看護師ともやり取りをするソーシャル・ロボティクスという可能性も考えられる。

⑥人間と自動化の最適な組み合わせは何か？

看護師の仕事を分解することによって、人間の看護師とロボットのアシスタントをうまく組み合わせて看護業務を最適化する方法がわかる。職務記述書に縛られることなく、看護師の仕事を再定義することで見えてくる方向性だ。これにより、看護師がロボットの設計者や技術者、メンテナンス担当者と建設的に連携する可能性も高まる。

原則3――あらゆる就労形態を排除しない

自動化とは無縁の分野でも、未来の仕事では、いまと違う就労形態――通常のフルタイム雇用ではなく、その先を行くような就労形態――が姿を現す。

単純に、職務のすべてを新しい就労形態に置き換えればよいというケースはほとんどない。仕事を分解し、各タスクがどう達成されるのが最善かを検証することで、はじめて最適解が明らかになる。次に挙げる、仕事の3つの基本的側面について問うことで、どういう就労形態がベストかがわかり、具体的なイメージを思い浮かべることができる。[*15]

1 任務《アサインメント》（行われるべき仕事）

(a) どこまで細かく分解できるか？
(b) どこまで範囲を広げられるか？
(c) どこまで雇用と切り離せるか？

2 組織（仕事を行うための境界で区切られた場）

(a) どの程度まで組織の境界を越えて容易に出入りできるか？
(b) どの程度まで外部とつながるべきか？
(c) どの程度までコラボレーションを行うべきか？
(d) どの程度まで境界を広げて他者を巻き込むべきか？

3　報酬（成し遂げた仕事と交換に提供される対価）

(a) 仕事の完了後、どれぐらいの期間のうちに報酬を支払うのか？　即座に支払うのか？

(b) どこまで具体的な方法で報酬を個別化するか？

(c) 従来の給与や福利厚生を超えて、どこまでクリエイティブな報酬をイメージできるか？

たとえば、企業には製品デザインという仕事があり、それには多くのタスクが含まれる。新製品や新機能のアイデアを考えるというタスクもあれば、そのアイデアを生産戦略やマーケティング戦略に合わせて評価するタスク、組織の主要な構成員に売り込んで浸透させるというタスクもある。

仕事を分解することで、新製品のアイデアを生み出すという業務が、それ以外のものと切り離せる1つの「任務」として浮かび上がる。その任務なら、ボランティアのフォーカス・グループ（おそらくヘビーユーザーや常連客で構成される）にやってもらうことができるだろう。多くのボランティアに分散させ、雇用契約と切り離すこともできる。

「組織」の境界は、仕事に関わる外部の人がスムーズに出入りできるものでなくてはならないが、その開放度は社内のチームと協力して仕事を進めるのに必要なレベルにとどめるのがよいだろう。

「報酬」は、製品の現物支給でもいいかもしれないし、参加する体験そのものが報酬というケースもあるだろう。そうなれば支払いは即座に行われることになる。

ところが、仕事を分解することなく、いきなり「ボランティアのフォーカス・グループに製品デザインをやってもらうことは可能か」と問うなら、そんな選択肢はあり得ず、「ノー」と答えるしかない。あるいは、「どうすれば新製品や新機能のアイデア出しだけ行う職務を設計できるか」と問うなら、「できない」と答えるしかない。その種の仕事は、通常の職務としてだれかにかかりきりでやらせるほど多くないからである。

しかし、仕事を細かいタスクに分解すれば選択肢の幅が広がる。内容に応じて、出社して行うこともできるし（フルタイムもあればパートタイムもある）、どこか別の場所で行うこともできる（やはりフルタイムもあればパートタイムもある）。さらに、そのプロジェクトや任務をこなせそうな別の部署の従業員、独立業務契約者（直接契約もあれば、アップワークやトップタル（Toptal）などのプラットフォームを介した契約もある）、アウトソーシング先の人材、業務提携先の人材などにまで範囲を広げて考えることもできる。

原則4——自由に仕事を選べるようにする

労働者が仕事の機会を自由に選べて、必要とされる場所に移動できるようにしなくてはならない。固定された仕事を行うフルタイム雇用が最適なこともあるが、そのような就労形態にはカビが生えやすい。

いずれにしても、ガチガチに固められた職務記述書の範囲を超えて、一人ひとりが能力を存分に発揮できることが必要だ。たとえば、ビジネス・アナリスト、データ・サイエンティスト、ソフトウェア開発者が、顧客向けアプリケーションの新機能開発プロジェクトに参加するといった人材の流動が自然に生じることが望ましい。

そのためには、次のようなタイプの人材を組み合わせて、仕事を改革しつづける必要がある。

❶固定型人材（フルタイムで雇用されて固定的な役割を担う人材）

通常の業務とするのにふさわしい仕事量があるため、あるいは、ユニークで取得困難なスキルが必要な業務であるため、固定されたフルタイム勤務とするのが妥当な人材。

❷フロー型人材（タスクや任務、プロジェクトごとに離合集散を繰り返す人材）

複数の異なる仕事で、短期的に特定の能力が集中的に必要になる場合に適した人材（必要に応じてマーケティング、HR、オペレーションなどのプロジェクト間を移動するフリーランスや、プロジェクトベースのデータサイエンティストなど）。

❸ハイブリッド型人材（複合的な役割をある程度固定的に担う人材）

業務量や、業務に必要なスキルの観点から、ある程度固定された役割を担っているが、必要に応じてそれ以外の課題にも対応できるハイブリッドな人材（通常の雇用関係にある現職者《ジョブホルダー》が、社内人材マーケットプレイスを介して、プロジェクトに関わる業務を追加的に引き受けるような場合）。

固定型、フロー型、ハイブリッド型の3つから、最適な就労形態を選ぶときに指針となる問いは、オルタナティブな就労形態（原則3）を考えるときの問いと似たものになる（42ページ参照）。ただし、この原則4は従業員の働き方を考えるものなので、「どこまで雇用と切り離すことができるか」という問い（1(c)）は除外しなくてはならない。また、組織についての問い（2(a)(b)(c)）は、組織間の境界ではなく、組織内のユニット間や職務間の境界を問うものに読み替える必要がある。

アジャイルな組織をめざす改革

組織、個人、さらに社会全体は、どうすれば過去の遺物ともいうべき伝統的なワークOSから離れて、新しい方向に転換できるのだろう？　機敏に動かなければ生き残れないという現実から生まれたアジャイル型開発の原則が、方向転換を成し遂げる方法を教えてくれる。

アジャイル・プロセスの3つの鍵

「アジャイル型開発」という手法は、ソフトウェア開発の世界ではよく知られている。これが登場する前の「ウォーターフォール型開発」は、開発の全体を複数の段階に分け、1つの段階が終わったら次の段階へと〝滝のように〟落としていくもので、前段階に戻る機会はほとんどない。

これに対し、アジャイル型開発は、複数のチームが異なる開発段階に同時並行的にコラボレーションのかたちで取り組む。製品（ソフトウェア）は完成前のベータ版の段階で公開され、ユーザーの利用体験や要望を取り入れながら、バージョンアップ版を継続的に公開《ロールアウト》しつづけるというものだ。

多くの組織が、ソフトウェア開発だけでなく、組織の意識や働き方の改革においてもアジャイル型開発プロセスで取り組んでいる。アジャイルなアプローチには核となる3つの原則がある。

- ●プロセスやツールより、個人と個人間の相互作用を優先する。
- ●完成品に求められるレベルについて、顧客と交渉してリスクの少ない契約をめざすことより、良いものを追求するための顧客とのコラボレーションを優先する。
- ●計画に従うことより、変化に対応することを優先する。

どれも新しいワークOSに方向転換するうえで重要だが、これをかけ声のように唱えるだけでは、伝統的なワークOSの呪縛を解くことはできない。

アジャイル型開発に取り組んだ、ある大手消費財メーカーは、プロセスを再設計し、従業員のスキルアップも実施したが、従業員が自ら仕事を選んで移動し、職種や部門をまたいだ課題に積極的に取り組むようになるまでにはずいぶん苦労したという。

たとえば、コールセンターの従業員がお客様からのクレームを受けて、製品を改良する必要があることに気づいたとする。アジャイル型のプロセス設計では当然、コールセンターの担当者と設計者・開発者が一緒にこの課題に取り組むことになっている。ところが、お客様の苦情を聞いたコールセンターの担当者は、それを製品の設計者・開発者に伝えるのが自分の仕事だと思っていなかった。製品設計・開発者のほうも、コールセンターの担当者から顧客のクレームを聞くのが自分の仕事だと思っていなかった。

伝統的な人材管理システムでは、仕事は職務記述書で表され、個人の能力は正社員としての役職で表される。人が職務に囲い込まれてしまっていたために、アジャイル・プロセス設計が持つ重要な価値の多くが発揮されないまま終わってしまっていたのである。

この消費財メーカでは、仕事が業務に分解されていなかったため、従業員は自分の守備範囲を超える仕事をするのに苦労した。プロジェクトと自分の仕事のあいだにどんな関係があるのかが理解できず苦労したし、自分が貢献できる場所を見つけるのにも、自分の職務とプロジェクトの関係を理解してくれない上司に対応するのにも苦労した。

仕事の脱構築の歴史

仕事を職務とフルタイム従業員で定義する伝統的なワークＯＳから解き放つことができれば、仕事を最適化することができる。この考えは、過去数十年にわたる先人の研究成果の延長線上で生まれたものだ。これまでの研究は、本書が論じる新しいワークＯＳそのものを構想するまでには至らなかったが、そこに向かう道筋を示す重要な貢献をしてくれた。

ここでそのような過去の研究を振り返っておこう。それを理解しておくことは、第1に、今後の方向を考えるうえで有益だからである。第2に、そうした重要で有益な研究をもってしても、仕事を固定された仕事と雇用のなかでしか考えられなかったために新しいワークＯＳを提示できなかったという失敗から学べることが少なくないからである。

テイラー主義（1920年頃）

仕事の解体という概念は産業革命の黎明期にまでさかのぼる。『仕事の未来×組織の未来』（*Work without Jobs*）という本書のタイトルから、容赦ない仕事の細分化《アトム》と商品化《コモディティ》を連想する読者がいるかもしれない。あるいは、解体された仕事の残骸が散乱している職場で、経営者と労働者が、どうすれば生産的で体系的な方法で仕事を進められるのだろうと頭を抱えているような光景を思い浮かべる読者がいるかもしれない。

だが、どの連想も正解ではない。その誤解を解くことから話を始めるのは、本書が提案するアプローチとその価値を説明するうってつけの方法かもしれない。

産業史を学んだ人なら、1920年代にフレデリック・W・テイラーが仕事の解体と再構築を最初に提唱した一人であることを覚えているはずだ。

「テイラー主義」と聞いてだれもが思い出すのは、労働の成果を最大化するための異常なまでの探究心だろう。あらゆるタスクについて、最も生産的な手順が徹底的に追求され、すべての作業者が厳密にその手順に従うよう職務の再構築が行われた。このようなタスクベースの「科学的管理」は、最適化された手順を労働者に教えるのだから、理論上はケガや疲労が減り、賃金も高く公平なものになるはずだ。

リチャード・サラム〔米国のジャーナリスト〕は2018年にこう指摘している。

効率を追求するエンジニアは作業者の身体を測定し、監視した。その徹底ぶりはどんなに誇張しても誇張しすぎることはない。彼らはストップウォッチで時間を計り、作業者を写真に撮り、作業者の指に電球を取りつけて長時間露光の写真で手の動きを追跡した。フランク・ギルブレスという技師は、指、肩、足の動きを事細かく分解し、1000分の1分単位でプロットした。
決められたとおりに作業をしなかった作業者は反省を求められ、正しい方法を学ぶよう命じられ、それでも効率基準を満たせなかった者は解雇された。（中略）
コンサルタントやエンジニアがこれを行ったのは、動作モニターを行うデジタル技術はおろか、ビデオカメラの登場さえ数十年先という時期だった。彼らはそんな早い時期に、機械による監視、反復作業の達成度評価、データによる管理、個人監視の実験を行い、その結果を冊子にまとめて広く配布し、科学的管理の価値を経営者に説いたのである。[*16]

サラムは、このようなアプローチに内在する、仕事の非人間化と商品化の危険性を指摘している。

アマゾンの倉庫で勃発した新たなスキャンダルは、同社が特許を取得したリストバンドに起因している。リストバンドには、従業員の手の動きをリアルタイムで追跡し記録する機能がある。この技術については「ディストピア的」な監視形態だという見方がある一方で、アマゾンは「見当違い」の憶測記事だと反論している。小売巨大企業の言い分は、この装置はこれまで従業員が手に持っていた在庫追跡装置を手首に装着させただけで機能に変わりはない、大騒ぎする必要がどこにあるのか、というものだ。[*17]

雇用の終焉（1994年頃）

仕事の解体と再構築について書かれたものとしては、1994年にフォーチュン誌に掲載された、ウィリアム・ブリッジズ〔組織コンサルタント〕の「雇用の終焉《ジ・エンド・オブ・ザ・ジョブ》」がよく知られているが、本書の基本的前提と通じるものがある。

彼は、雇用によって組織化された現在のような仕事のあり方は産業革命の産物であり、将来の世代は1990年代を振り返ったとき、仕事をめぐる当時の困難や軋轢《あつれき》の原因は、仕事を企業のなかに閉じ込められた固定的なものと捉え、管理しようとした不毛な試みのせいだったと言うだろう、と書いている。

ブリッジズは、「根深いバイアスと無縁な組織形態は、プロジェクトの集合体しか考えられない」と指摘したうえで、次のように述べている。

> 今日の企業は、職務に基づく構造《ストラクチャー》から、完了させるべき仕事がある場《フィールド》へと急速に変化しつつある。そのような場に人工的に重ね合わされた単位《ユニット》が職務だ。全部つなげば仕事が完了するという責任のパッチワークが職務だ。彼の仕事はこれ、彼女の仕事はこれ、そしてあなたの仕事はこれ、と定められる。たいてい仕事はそれで片づくが、だれの職務記述書にも書かれていない仕事の断片がどうしても残る。そんな断片が積み重なって片手間では処理できなくなると、

その穴を埋めるために業務を調整し、正式に責任を割り振らなければならなくなる。[*18]

ブリッジズはインテルのケースを紹介している。同社の従業員は、入社するとプロジェクトに配属され、その後、プロジェクトを変えながらさまざまな責任とタスクをこなしていく。その際、いま担当しているプロジェクトの終了を待つことなく、次のプロジェクトに異動する。そんな異動を繰り返すことで、異なるリーダーのもとで、さまざまなスケジュールで、さまざまなタスクをこなす体験を積んでいくのである。

ブリッジズは、「階層型組織は崩壊する。理論がどうこうではなく、そもそも今日のような環境では階層を維持することなどできないからだ」と記事を締め括《くく》っている。[*19]

ブリッジズの記事は、プロジェクトベースで自己組織化されたインテルの例を挙げていて、説得力がある。しかし、今日でも大多数の企業のワークOSは、基本的に職務と個人の固定的な組み合わせだ。ブリッジズが提案した新しい働き方の未来は、ワークOSが融通の利かない職務記述書から解放されるときを待ちつづけている。

ジョブ・クラフティング

エイミー・ヴェジェスニエフスキー〔米国の組織心理学者〕とジェーン・ダットン〔南アフリカのジャーナリスト〕は2001年に「ジョブ・クラフティング」（job crafting）という言葉を造語し、

固定された仕事でも、ワーカーは自らのタスク、人間関係の結び方、仕事の意味づけにおいて、ある程度の裁量を持つことができると指摘した。[*20] それがプラスの効果を生むという証拠もある。

アーノルド・B・バッカー〔オランダの産業・組織心理学者〕とエバンジェリア・デメラウティ〔オランダの労働・組織心理学者〕は、ジョブ・クラフティングを通じて、労働者は仕事の緊張を減らし、やりがいを高め、ひいては仕事へのエンゲージメントを強化できると指摘している。[*21]

アレッサンドラ・ラザザラ〔ミラノ大学〕、マリア・ティムズ〔アムステルダム自由大学〕、ダヴィデ・ディ・ジェンナーロ〔サレルノ大学〕は先行研究をレビューし、次のような働き方のフレームが存在することを提示した。まず、ワーカーは自ら積極的に行動することもあれば（目標達成や業績向上のために）、事態に反応するかたちで受動的に行動することもある（組織の変化や圧力に対処するために）ということ。そして、それらの行動は、「接近《アプローチ》」（仕事の改善や、仕事のストレスをポジティブに解釈するなど）または「回避《アヴォイダンス》」（ネガティブな仕事の要素を削減または排除する）のいずれかの契機を含むということである。[*22]

そうした行動の総称が「ジョブ・クラフティング」というわけだが、つくる《クラフト》というより分解《デコンストラクト》することによって、新しい仕事の内容を定義し、実現させようとしていると言える。ちなみに、ジョブ・クラフティングがもたらす結果には、ポジティブなもの（意義、承認や評価、仕事への満足）とネガティブなもの（後悔、過重な負担、ストレス、健康問題）の両方があることも指摘されている。

ホラクラシー

最近、組織を人びとの「群れ《スウォーム》」と捉える見方が出てきており、労働者自身が変化するプロジェクトやタスクを追いかけるような組織のあり方について、議論や実験が行われている。

人びとは自分の意志で、最も価値があると思うタスクやプロジェクトに参加する。目的意識や戦略的方向性が共有されているので、最高の働きを、最高の就労形態（フリーランス、業務契約、正規雇用など）で提供することができる。職務記述書や機能、階層、上司・部下といった伝統的な道具立てとのあいだにあった摩擦も大幅に減らすことができる。

その好例は「ホラクラシー」(holacracy) という用語とともに登場した〔ホロンが結びついた構造(holarchy)による支配（-cracy）に由来〕。このような組織のあり方を最も世に知らしめたのは、おそらくザッポスだ。２０１５年から16年にかけて、創業者のトニー・シェイの人気とともに注目を集めた。

ホラクラシーのベースには、自己管理によって仕事を進めていくという考えがある（ブライアン・ロバートソンと彼の会社ホラクラシー・ワン (HolacracyOne) が提唱した考えだ）。ホラクラシーでは、階層型組織に代わって、マーケティングなどのざっくりとした機能に対応する「スーパーサークル」、それを構成するデジタル広告などに対応する「サブサークル」、そしてソーシャルメディア・プロデューサーといった役割と、その役割に含まれるタスクによって組織が構成される。*23 どのサークルにも、仕事をメンバーに割り振って確実に終わらせる「リード・リンク」という役割の人がいる。

これが階層型組織と違うのは、サークルの仕事が完了したら、メンバーはだれの承認を得る必要もなく、自分の意思で他のプロジェクトに移ることができ、仕事の進め方が現場でリアルタイムで即決されるという点だ。

このように、役割とタスクの上に成り立つホラクラシーは、仕事の解体という考えを反映しており、そこでは流動的な組織が奨励され、仕事がつねに再構築、再創造される。

ただ平等主義であればいいわけではない

しかし私たちが提案するワークOSは、職務や階層を完全に放棄する必要はないし、それを奨励するものでもない。分解と再構築の最適なあり方は状況によって異なるし、実際、職務や階層に依拠する従来型組織のほうが正しい解決をもたらす場合もある。

アトランティック誌は、経営者や労働者がフラットで階層の少ない就労形態を好むとは限らないと指摘している。[*24]

平等主義的な職場環境は混乱を招く、というスタンフォード大学の研究もある。[*25] 階層型組織は、だれが何をしていて、報酬が何にいくら支払われるかもわかりやすいので、労働者は先の見通しが立てやすく、これを好む場合がある。同大学のジェフリー・フェッファーは、職場の階層構造がこれほどしぶとく続いている理由は、明らかに、それが実用的で心理的に心地よいからだと結論づけている。[*26]

あらゆる組織形態に必要な新しいワークOS

テイラー主義、雇用の終焉《エンド・オブ・ジョブ》、ジョブ・クラフティング、ホラクラシー、その他ありとあらゆるマネジメント思想が、新しいワークOSの必要性を訴えている。どの思想も、多様な就労形態を認め──必ずしも要請しているわけではないが──ワーカーの働き方や行動を深く掘り下げてベストプラクティスを特定しようとしている。

つまりテイラー主義からホラクラシーまで、幅広いマネジメント論や組織論が、仕事の解体と再構築を不可欠なステップとみなしているということである。解体と再構築の結果、ホラクラシーのような完全に流動的な組織になることもあれば、職務と従業員で固められた従来型システムに流動性を加味したハイブリッド・バージョンになることもある。

これまで足りなかったのは、分解と再構築の方法を経営者、労働者、政策立案者、そして組織設計者に教えてくれるプレイブックだ。

要は、どんなマネジメント・スタイルを追求するにせよ、新しいワークOSがともなっていなければ、仕事は職務と従業員の固定的な関係によって定義され遂行されるという前時代的な概念に縛られ、変化に取り残されるということだ。仕事と組織の改革が進まないのも、社会の至るところで見られる公共政策の手詰まりも、社会的な議論が起こらないのも、企業と労働者の関係がぎくしゃくするのも、すべてそこに原因がある。

したがって本書のゴールは、特定のマネジメント手法を推奨することでも、その模倣版《レプリカ》を提示することでもない。各企業が選択したマネジメント手法を実際に役立つものにするためのプレイブックを提供することである。

本書は新しいワークOSを確立する方法を説明する。読者は、新しい仕事のあり方とその進め方についての洞察を得て、否が応でも仕事の解体と再構築に取りかかることになるだろう。労働者自身が自らの仕事の分解と再構築に影響を与え、実際につくり変えることになる。労働者と企業の両方が重要な当事者となるのである。

新旧ワークOS比較——7つのポイント

新しいワークOSは、次ページの**図表I-1**が示すように、従来のワークOSとは対照的だ。この新しいOSについて、次章以降で詳しく説明していこう。

図表 I−1　2つのワーク・オペレーティングシステムの比較

	伝統的なワークOS	新しいワークOS
仕事	職務の名前で記述される，ひとかたまりの仕事.	要素（タスク）に細かく分解された仕事.
自動化	機械が人間に取って代わる.	人間と機械の連携をタスク・レベルで最適化する.
ワーク・エコシステム	組織の境界のなかで働くフルタイムの従業員.	組織の境界をまたぐ民主化されたエコシステム.
労働者	組織に固有の「職務要件」を満たし，職務を遂行する被雇用者.	分解されることによって可視化された，さまざまな能力（スキル）を持つトータルな存在.
就労形態	安定した職務と雇用契約に基づく勤務.	新たに生まれるタスクやプロジェクトに適した，伝統的なフルタイム雇用に縛られない柔軟な就労形態.
マネジメント	ヒエラルキー，構造，安定したレポートラインによる管理と調整.	チームやプロジェクト，組織のパーパスや目標，人間・AIプラットフォームやHRシステムを動かすハブとしての管理と調整.
社会的価値観と政策	伝統的な職務と雇用のうえに成り立つ労働者の持続可能性，発言力，公平性，多様なインクルージョンを前提とする.	柔軟な就労形態と個人の能力によって実現する労働者の持続可能性，発言力，公平性，インクルージョンを可能にし，それに支えられる.

Chapter 1

新しい仕事観と人間観

「職務と人」から「タスクと能力」へ

Work as Deconstructed Job Elements versus Stable Jobs

新しいワークOS導入のトリガーポイント

伝統的なワークOSは、かつては競争優位の鍵を握っていたかもしれないが、いまでは企業の機敏な動きを妨げている。未来の仕事への対応においては、特にそれが顕著だ。[*1] 仕事を固定的な職務として捉えることほど、時代遅れのワークOSの明らかな目印はない。

このような捉え方の歴史は第二次産業革命〔重工業・重化学工業部門が牽引した1870年前後から第一次世界大戦前までの期間〕の初期にさかのぼり、組織的な仕事の進め方や組織のあり方、労働者の報酬、教育の設計、そして、社会経済政策にいたるまで、多くのものをかたちづくってきた。

新しいOSはそれとは異なり、仕事をタスクや活動《アクティビティ》という構成要素に分解しつづけ、それを最適な就労形態（雇用契約を結んだ従業員、AI、ロボット、ギグワーカー、提携パートナー、アウトソーサーなど）にアレンジすることができる。さまざまな働き方の選択肢をシームレスに統合しながら、伝統的なOSとは根本的に異なる方法で仕事を進めることができる。

そんな新しいOSを組織に導入し、機敏で、柔軟で、包摂的《インクルーシブ》で、弾力性のある企業に変身するには、何から手をつければよいのだろう。

ほとんどの重要な変革がそうであるように、良いスタートを切るためには、概念実証《プルーフ・オブ・コンセプト》〔新しい手法の実現可能性を測るための事前検証）として使える機会を見つけ、その経験を利用して、より広い展開につなげることだ。すぐれた概念実証は、新しいワークOSがどんな成功をもたらすか、導入するには何が必要かを明らかにしてくれる。

新しいワークOSをいきなり仕事の全領域に導入する必要はない。経験上、導入に適した4つのトリガーポイント——機会や急所——があることが判明しているので、それを参考に、どこから最初の一歩を踏み出せばいいかを考えてほしい。

❶オペレーション上の困難

製造、情報システム、顧客サービス、サプライチェーンなどに関わるワークフローやプロセスを見直す必要に迫られているような場合、それをトリガーポイントにすることができる。たとえば、予期せぬ変化（政情不安、戦争、疾病蔓延など）によってサプライチェーンが断たれるかもしれない。コロナ・パンデミックによって企業は、海外オペレーションの国内移転や製造品目の変更（自動車関連から換気装置関連への移行など）を余儀なくされた。仕事を分解して再構築する能力は、そうした不測の事態に直面したときの復元力《レジリエンス》にとってきわめて重要だ。[*2]

❷リソースの制約

人材の供給、サプライチェーン、情報の流れ、財務構造などにボトルネックがある場合、それをトリガーポイントにすることができる。ボトルネックはコスト上昇、ワークフローの目詰まり、人材の払底といったかたちで現れる。

コロナ感染の流行前から、多くの企業は限られた人材リソースからデジタル人材（データサイエンティスト、アプリケーション開発者、AIプログラマーなど）を集めようとしていた。職務をタスクに、個人を能力に分解することで、それらの職務に含まれるタスクの一部は、自動化や新しい就労形態でカバーすることができる。

❸新しいテクノロジーの登場

AIやロボットなどの技術進歩が求めるスピードで、プロセスや働き方を変えられないという場合、それをトリガーポイントにすることができる。

ワークOSを変えずに技術だけを導入しようとする企業が多い。ありがちな発想は、テクノロジーを導入すれば従業員を減らして人件費を削減できるというものだ。あるいは、ワークOSを変えなくても新しいテクノロジーに適応できるという考えもある。いずれもヒューマンファクターの考慮が不十分で、テクノロジーを導入することでプロセスが崩壊する危険がある。仕事と人材を分解し、タスクと能力のレベルで仕事を再構築することで、このような問題を回避することができる。

❹優先順位の変化

パーパス、社会貢献、多様性、インクルージョン、地域貢献、公正、環境保護など、株主価値を超える優先事項の達成をめざすような場合、そこをトリガーポイントにすることができる。

最近はこのケースが増えている。優先順位の変更や追加のためには、しばしば仕事を通じた組織的貢献のあり方や個人の役割を見直すことが必要になるからだ。仕事を分解することによって、プロジェクトベースでの業務遂行や、社内人材マーケットプレイスを介したギグワーカーの調達など、従来のワークＯＳにはなかった選択肢が生まれる。

仕事を分解するための基本的な問い

新しいワークＯＳの概念実証を行うチャンスのあるトリガーポイントを特定したら、いよいよ実際に、仕事をタスクや活動に分解し、個人をスキルや能力に分解するプロセスへと進む。

まずタスクを分解し、その性質を把握しなければ、どうすればそのタスクを新しい仕事に再構築できるかも、どのような就労形態や自動化がそのタスクに適しているかも見きわめることができない。

仕事の分解とは、ひとかたまりのものとして扱われている職務から、意味のある構成要素（タスク、活動、プロジェクトなど）を切り分けることであり、新たな意味を帯びて登場した要素を発見することでもある。「意味」とは、仕事の成果をもたらすうえで、顧客ニーズに応えるうえで、組織の戦略目標を達成するうえで、必要なものということである。

- 現在の活動やタスクのなかで、まだ意味のあるものは何か？
- 現在の活動やタスクのうち、もはや意味のないものは何か？
- 新たに意味を持つ活動やタスクは何か？
- 意味のあるタスクについて、それぞれが遂行される順序やタイミングはどうなっているか？
- 意味のあるタスクについて、だれが、何を、いつ、どこで、どのように行うべきか？

パフォーマンス向上がもたらす価値

次のステップは、仕事の分解と再構築によるパフォーマンスの向上がどんな価値を生むか——パフォーマンス向上価値（ＲＯＩＰ：return on improved performance）——を理解することだ。[*3] ＲＯＩＰにはさまざまなものがあるが、ここでは税務申告の仕事を例にして、４種類の典型的なＲＯＩＰについて説明する。

❶ミスの削減

質が低かったパフォーマンスが許容レベルまで向上したというような場合が、これに当てはまる。税務申告書の作成では、間違いが多いうえに締切に間に合わないこともあったのが、間違いのない正確な書類を期日内に作成できるようになれば、そこに価値が生まれる。

❷プロセスのばらつきの削減

成果物（最終結果）が同じなら、ほかのやり方より効率的にできたとしても、結果の価値が向上するわけではない。ばらつきが減ることの価値は、成果物の価値としてではなく、そこに至るプロセスが均一化されることによるコスト削減や、混乱の抑制などのかたちでもたらされる。

税務申告の場合、納税申告書をどんな方法で完成させたとしても、内容が同じなら申告書自体に価値の違いは生じない。製品の組み立てなら、部品をどんな順序で組み立てても、最終的な結果が同じなら、順序自体には価値はない。しかし、申告書作成でも部品の組み立てでも、つねに同じ順序で行うことによって手戻りの防止やコスト削減などの価値が生じる。

❸価値の段階的な増加

パフォーマンスの向上によって、少しずつ着実に価値が増加する場合がこれに該当する。税務申告では、税務申告書に添付する要約書は、内容や文法に間違いがなければ最低限の要件は満たしたことになるが、内容が明快で重要な点の強調に成功していれば、その改善の程度に応じて結果の価値が向上したと言える。コールセンターの担当者が、顧客に追加購入を勧めたり、早い配送を提案したりすることで売上げを伸ばしたような場合もこれに該当する。

❹価値の飛躍的な増加

パフォーマンスの向上によって、指数関数的に結果の価値が増加する場合がこれに該当する。顧客に驚きと喜びを与えるような、あるいはプロセスを劇的に改善するような、稀にしか起こらない創造的なパフォーマンス向上によってもたらされる価値だ。

税務申告では、これまで見落としていた節税スキームを発見したり、緻密な仕分けによって課税対象額を大幅に削減したような場合が当てはまる。販売店のスタッフやコールセンターの担当者が、隠れていた特別な顧客ニーズを発見して、利益率の高い製品やサービスの販売に結びつけたような場合なども、これに含めてもよいかもしれない。

仕事を分解した要素それぞれについて、パフォーマンスが向上したらどんな価値（ROIP）が期待できるか、次の問いに沿って考えてみよう。

● パフォーマンスが向上したら、ミスが減るか？

●パフォーマンスが向上したら、プロセスのばらつきが減るか？
●パフォーマンスが向上したら、価値が段階的に高まるか？
●パフォーマンスが向上したら、価値が飛躍的に高まるか？

各タスクのROIPを理解することが、仕事を分解する際の基礎となる。

スピード、効率、正確性の向上——小売配送センターのケース

私たちが関わった大手小売業の配送センターのケースは、イントロダクションで述べた「新しいOSの4原則」（36ページ参照）をはじめとして、新しいワークOSの内容を実際の仕事のなかで理解するための恰好《かっこう》の教材になる。

この小売企業は、商品を店舗別に仕分けし、梱包し、出荷するという作業を、新しいテクノロジーを導入して自動化した。梱包は後《あと》工程の効率を考慮したもので、商品を受け取った小売店の側では、商品の陳列や補充に要する時間を大幅に減らすことができる。

ところが、この自動化で配送センターでの仕事が逆に増えてしまった。機械のメンテナンスや、想定していなかった工程上の複雑さに対応するために、新たな仕事が生まれたのである。たとえば、

機器の高度なメンテナンスを行う担当者や、商品がライン上でつかえたり、詰め込みすぎて梱包できなくなったときなどに駆けつける〝事故対応担当〟が新たに必要になった。その結果、労務費は期待したほど削減できず、全体的なパフォーマンス向上も予想以下という、残念な結果になった。

そうなった原因は、役割が固定されたフルタイム雇用の従業員だけで仕事を回すという従来型のワークOSを変えることなく、ただ自動化を追加したことにある（自動化については第2章で詳しく論じる）。

この小売企業は、私たちの助言を受け入れ、新しいワークOSに基づくソリューションを導入した。オペレーション設計チームは、まず仕事をタスクに分解し、自動化に必要なタスクを分析した。自動化前に人間が行っていた仕事を調べ、自動化によって不要になる仕事、補強される仕事、新たに必要になる仕事の3種類を特定した。

タスクのレベルに分け入った分析により、現行の業務分担や人員配置にとらわれることなく工程を設計することができた。たとえば、事故対応担当などという新たな役割を設けなくても、そのタスクを梱包を担当しているパッカーに割り振ることで対応することができた。

職務について、ただ「残すか、廃止するか」を問うのではなく、複数の職務を統合したり、複数の職務から部分を持ち寄って再構成したりする必要があることも明らかになった。たとえば、空《から》の梱包容器や詰め込みの終わった梱包を移動させるというタスクは、それまでピッカー（商品担当）が行っていたが、パッカー（梱包担当）にもその作業に必要なスキルはあったので、分担を変更できることがわかり、柔軟な担当変更が実現した。このような発想をしたことで、会社は人を増やすことなく、効率や作業品質を向上させるという自動化のメリットを実現することができたのである。

この会社が、新しいワークOSを導入するために職務をどのように分解したかを、梱包の工程に沿って見てみよう。同社は梱包という職務を次の7つのタスクに分解した。カッコ内は分解によってもたらされたROIP（パフォーマンス向上価値）である。

①梱包容器の組み立て――梱包用部材を取り出して、小売店への発送に使う梱包容器を組み立てる（作業のスピードと正確さが段階的に増加した）。

②梱包容器の移動――組み立てた梱包容器を、詰め込み作業を行う場所まで移動させる（手順が標準化されて作業のばらつきが減った）。

③商品のピックアップ――バルクコンテナから商品を取り出す（手順が標準化されて作業のばらつきが減った）。

④商品ラベルのスキャン――どの商品をどの容器に入れるかを判断し、取り出す商品を間違えていないことを確認する（製品ラベルが正確にスキャンされ、取り違えがなくなった）。

⑤商品の詰め込み――取り出した商品を正しい梱包容器に収める（手順が標準化されて作業のばらつきが減った）。

⑥最終梱包――梱包容器内での商品の位置と収まり具合を調整し、破損や変形を防ぎつつ梱包

を完了させる（梱包作業のスピードと効率が段階的に向上した）。

⑦ 梱包容器のスキャンと移動――詰め込みが終わった梱包容器をスキャンし、出荷作業場に移動させる（容器の移動のスピードと正確さが段階的に向上した）。

新しいワークＯＳを導入するためには、職務をタスクに分解することが必須だ。この分解には、慣れるまでは時間がかかるが、分析効率とスピードを向上させるためのツールが増えている。作業要素に関する既存のデータベース（Ｏ＊ＮｅｔやＥＳＣＯなど）を使用しているツールが多く、ＡＩとユーザーによるインプット情報を使って、実際のタスクをデータベース内のタスクと突き合わせ、自動化の可能性やスキルレベルなどを分析してくれる。

次に紹介するケースは、ジェネンテックが行った仕事の分解である。

仕事のペルソナ分析――ジェネンテックのケース

ジェネンテック（Genentech）は、ロシュ・グループ（Roche Group）に属するバイオテクノロジーのリーディングカンパニーだ。働き方の柔軟性を高めることで、従業員のエンゲージメントと定着率を向上させ、新規採用対象者からも魅力的な就職先と思われる会社になろうと努力している。

だがその努力は、伝統的なワークＯＳのさまざまな側面——特に機能別に割り振られた職務が仕事を進めるための主要な手段であるという考え——によって、はかばかしい成果をあげられずにいた。フレキシブルな働き方の導入については、場所や時間、方法を変えたら、職務を遂行できなくなるという懸念もあった。

しかしコロナ・パンデミックにより同社は、働き方の柔軟性を高め、だれもが公平に多様な働き方ができるよう、古い組織哲学と仕事の枠組みを改めたいと真剣に願うようになった。

人材・組織文化最高責任者（ＣＰＣＯ）であるシンシア・バークスと、製品ポートフォリオ・開発戦略のグローバル責任者であるローナ・オリアリーが主導して、ジェネンテックは変革の旅に乗り出し、すべての人材を包摂し、全社に存在するさまざまな仕事に対応する、未来の働き方の戦略を策定した。

全社の従業員から成るアジャイル・スプリントチームが隔週で集まり、現状を洗い出し、仕事を分析し、優先的に取り組む事項の策定とテストを行い、改革計画を立案した。チームはまず、自分たちの仕事と戦略開発の指針を作成した。それは業績への影響、従業員のエンゲージメント、企業文化、サステナビリティへの取り組みなど、さまざまな分野にまたがっていた。

チームは取り組みの各段階で従業員とリーダーたちを巻き込んだ。まず、それぞれが重要だと思う問題と機会を発表してもらうことから始め、未来の働き方の全体的構想について考えを聞いたり、実際にそれを導入して変化を促す方法についてブレインストーミングを行うなどした。ソリューションを機能させ、すべての関係者にこの旅の一部であると確信させるためには、その仕事に最も近い人びとの声がきわめて重要だった。

未来の働き方のために正しい戦略を立案するためには、仕事の脱構築が不可欠だった。それによってチームは、所属の違いを越えて職務のタイプを把握することができた。そのうえでサンプルに選んだ代表的な職務をタスクに分解し、各タスクに最適な場所、時間、手段を特定して、より多くの個人に柔軟な働き方の選択肢を提供したのだった。

図表1–1は、職務を分解したあとのタスクの性質を、3つの要素で把握するための概念図である。「いつ」の軸はタスクの時間的制約を、「どこで」の軸はタスクが場所に依存する度合いを、「どのように」の軸はタスク遂行に必要な他者との相互作用の必要度を示している。

職務から切り出された各タスクは、3つのスケール上にプロットされ、その結果がそのタスクのペルソナ〔性格〕ということになる。

図表1–2（76–77ページ）は、ジェネンテックのチームが作成したペルソナの4類型で、各ペルソナに当てはまるタスクが複数存在する。たとえば、ペルソナAに該当するのは、時間の制約を受け、場所を選び、独立的に（他者との相互作用を必要とせずに）実行できるようなタスクだ。このようなタスクを多く含む役割には、製造技術者、研究アシスタント、設備エンジニア、ITインフラ・スペシャリスト、ビル安全管理者などがある。

ほとんどの従業員は自分の仕事を、「いつ」「どこで」「どのように」の要素に照らして、いず

図表**1－1** タスクとアクティビティの性質（ジェネンテックのケース）

いつ（When）

時間重視
定められた特定の
時間枠のなかで
完了させなくてはならない.

フレキシブル
いつ仕事するかを
柔軟に決められる.

どこで（Where）

固定された場所
特定の場所で行う.
そこにしかない設備が
必要な場合がある.

移動可能な場所
どこででもできる.

どのように（How）

インタラクティブ
他者と協働して行う.
他者との連携または
調整が必要.

独立的
他者との協働は最低限しか必要ない.
最後に他者の仕事と統合する
必要がある場合でも,
自分の範囲のことは
単独で実行できる.

C　いつでも, どこででもできるが, 人と協働して行う

決められた日の何時でもよい.
さまざまな場所で行うことができる.
仕事の大部分は他者と協働して行う.

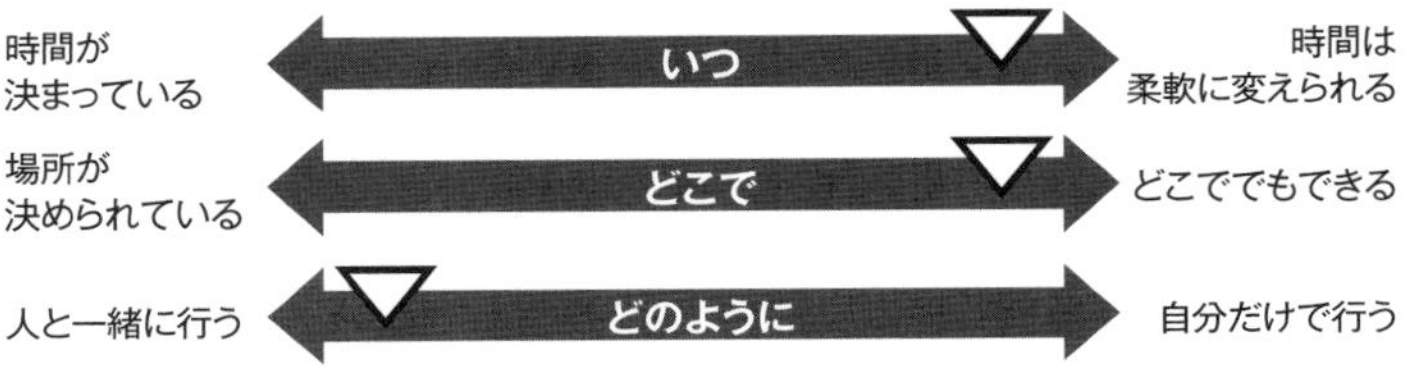

代表的な仕事　福利厚生マネジャー, カスタマー・エンゲージメント・チーム, HR 担当者, ファイナンス担当者

D　いつでも, どこででも, 自分だけで行える

通常, 時間は決められていない.
さまざまな場所で行うことができる.
仕事の大部分は自分だけで行うことができる.

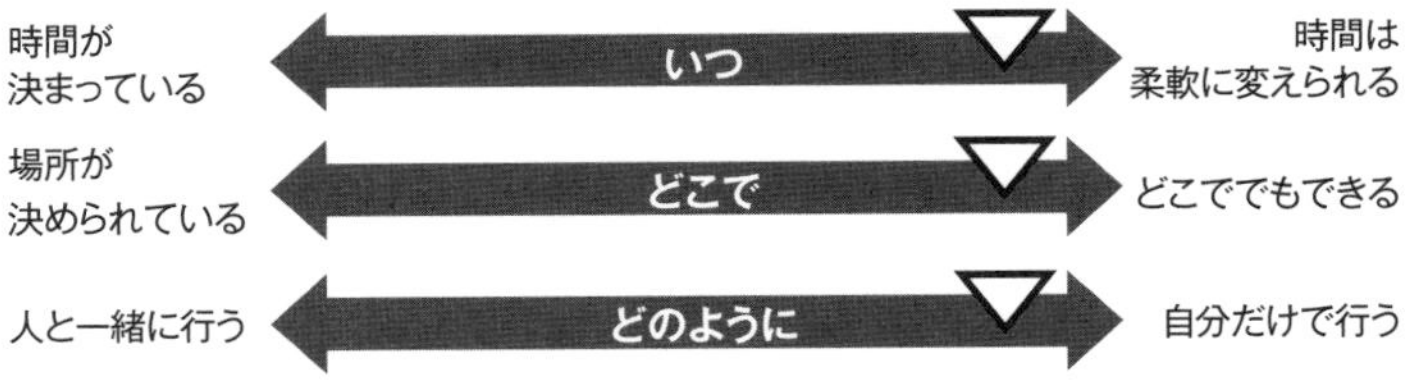

代表的な仕事　バイオインフォマティクス・エンジニア, 研究アシスタント, 弁理士

図表 1－2 仕事のペルソナの4類型(ジェネンテックのケース)

A

自分だけで行うことができるが，場所と時間は決められている

決められた時間に働く必要がある.
特定の場所で行う必要があり，物理的に必要な条件がある.
仕事の大部分は自分だけで行うことができる.

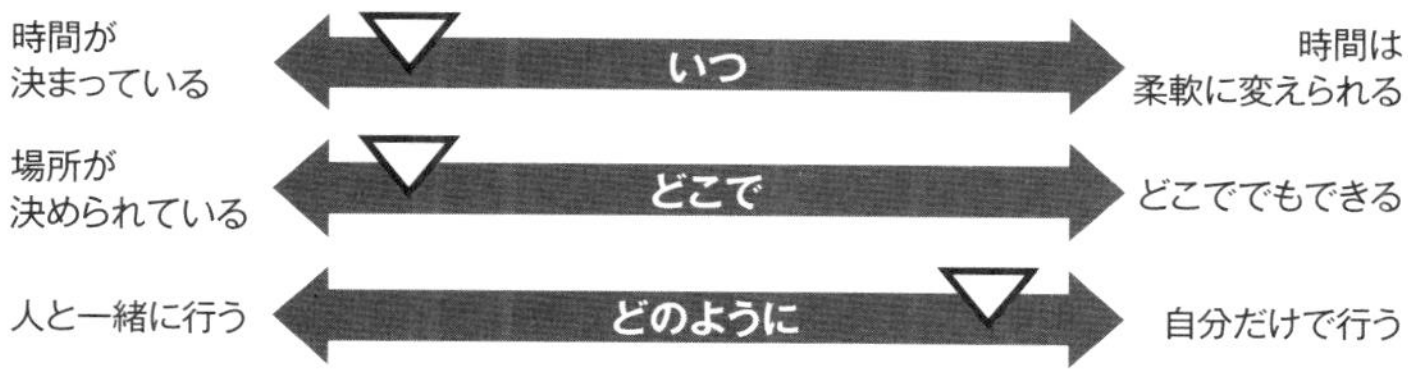

代表的な仕事　製造技術者，研究アシスタント，設備エンジニア，ITインフラ・スペシャリスト，ビル安全管理者

B

どこででもできるが，いつ，どのように行うかはさまざまなケースがある

時間的制約のある仕事と柔軟に調整できる仕事がある.
さまざまな場所で行うことができる. 頭脳労働の性格が濃い.
人と協力して遂行するものと自分だけで行えるものがある.

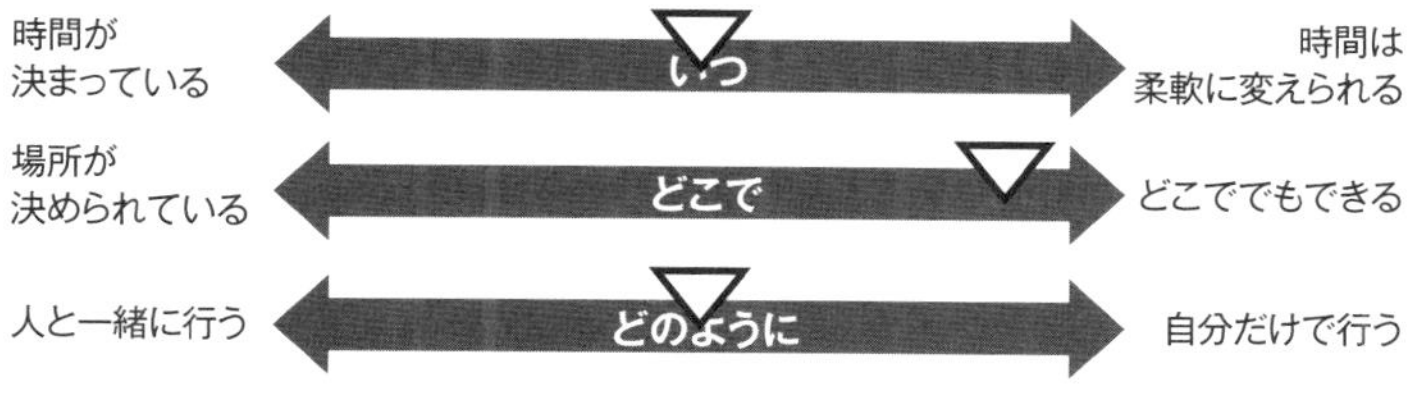

代表的な仕事　開発科学者，臨床科学者，チームリーダー，プロジェクト・マネジャー，開発小部隊

れかのペルソナに当てはめることができる。ただし、ある1つの役割のなかにペルソナの異なるタスクや活動が含まれることもあるし、同じ役割の同じタスクであっても、人によって異なるペルソナによって実行している場合があることも判明している。

たとえば、研究アシスタントの職務は、専門的な器具を使って実験を行う場面をイメージしやすいので、3つの要素のいずれについても柔軟性がないと思われがちだ。しかしこの役割には、研究報告の確認や実験データの分析といった、時間的な制約がなく、どこででもでき、独立して行うことができるタスクが含まれる。そのため、**図表1－2**に示すように、2つの異なるペルソナ（AおよびD）に合致することになる。

次にチームは、「いつ」「どこで」「どのように」の3つのカテゴリーごとに可能な働き方の選択肢を列挙し、ペルソナごとに適している選択肢を特定した。それをマトリックスにした**図表1－3**は、ジェネンテックの従業員にとっての可能な働き方の選択肢ということになる。

この図から、ペルソナAに適しているのは、出勤して行う仕事、出勤とリモートワークの併用、週40時間労働、始業時刻や終了時刻を柔軟に調整できる仕事、通常のフルタイム勤務、ジョブシェアリング（1つの仕事を数人で共有することが一般的）だということがわかる。このような分析によって、「つねに現場にいなくてはならない」という根拠のない思い込みがなくなり、柔軟な働き方の選択肢が広がった。

職務の分解は、ジェネンテックが包摂的で公平なフレキシブルワーク戦略を構築するために不可

図表1―3　ペルソナ別に見た働き方のオプション（ジェネンテックのケース）

ペルソナ		A 決められた場所で、決められた時間に、自分だけで	B どこででも、いつ/どのようにはさまざま	C どこでも、いつでも、人と協働して	D どこでも、いつでも、自分だけで
どこで Where	出勤	○	○	○	○
	出勤＋リモート	○	○	○	○
	フルタイムリモート		○	○	
いつ When	従来型週40時間	○	○	○	○
	単日フレックス始業・終業可変	○	○	○	○
	完全フレックス		○	○	
どのようにして How	フルタイム	○	○	○	○
	パートタイム		○	○	○
	ジョブシェアリング	○	○	○	○

欠なステップだった。その結果、役割ごとの働き方について、以前のような一律的なルールや凝り固まった思い込みを克服して、柔軟な形態を導入することができた。

ジェネンテックのチームが考え抜いた末に採用したアプローチは、イノベーションの実現に欠かせないコラボレーションとセレンディピティを可能にする人びとのつながりを保ちながら、働き方の柔軟性を実現することで、現有戦力のつなぎとめと新しい人材の募集に役立っている。

マッキンゼー・グローバル研究所の最近の調査によると、２０２１年のコロナ・パンデミックによる混乱によって、組織運営は個人別対応《パーソナライズ》の度を強め、流動的な働き方を実施する必要に迫られているようだ。[*4] ８００の職種について人間関係や仕事の場所（ジェネンテックにおける「どのように」と「どこで」の2軸）を分析した結果、パンデミックの結果として加速した多くのトレンド（リモートワーク、電子商取引、バーチャル取引、自動化／ＡＩなど）は、パンデミック終息後も加速しつづけるか、少なくともパンデミック前を大きく上回るレベルにとどまることが予想されている。

新しいワークOSの導入は概念実証から

新しいワークＯＳを導入するためには概念実証が欠かせない。新旧のワークＯＳは根本的に異なるので、多くの場合、導入に際しては範囲を絞ってその価値を実証する必要がある。その点、概念実証には次のような効果があるので、新しいワークOSの導入を成功させる可能性を高めることができる。

●新しいワークOSを広く組織全体に導入する前に、まず一部に導入して、その内容を学び、反復するためのスペースと時間を確保することができる。
●何があれば新しいワークOSを採用できるか（たとえば採用をサポートする技術インフラ、人材育成のための学習システムなど）、あるいは何が採用の妨げになっているかを特定できる。
●新しいワークOSの価値を、他の部門のリーダーや利害関係者に示すことができる。

新しいワークOSを取り入れようとする組織は、最初から完璧な成果は期待できないことを認識しておく必要がある。概念実証を行うことで、失敗からすばやく学び、学んだ教訓をふまえてすばやくやり直すというアジャイル型開発が可能になる。

この章のまとめ

職務をタスクや活動に分解し、個人をスキルや能力に分解して、あらためて仕事を最適なかたちに再構築するには相当な努力が要る。本章で示したガイドラインと問いに従って職務の分解と再構築に取り組めば、体系的かつ戦略的に仕事を進められるようになる。その努力は、より良いソリューションと深いインサイトによって報われるだろう。

次章以降では、仕事の分解という最初のステップが、新しいワークOSの構成要素――自動化、柔軟な就労形態、スキルベースの仕事、リーダーシップなど――を実現するための土台になることを示す。

次章ではまず、この章に登場した大手小売企業のケースを使って、自動化について掘り下げる。それを他の業界の事例も使って補完しよう。新しいワークOSを実現するための選択肢には、さまざまなものがあることがわかるはずだ。

チェックリスト

①概念実証を行う機会につながるトリガーポイントを特定したか？
②仕事を分解するための重要な質問に答えたか？
③職務をタスクに分解し、それぞれのタスクについてROIPを識別したか？

Chapter 2

ワーク・オートメーション

人と機械の最適なマッチングを実現する

Work Automation Deconstructed

機械と人間

新旧ワークOSのコントラストは、おそらく、本書の冒頭で取り上げた銀行のATMのような、仕事を自動化しようとする局面で最も顕著に現れる（29ページ参照）。自動化は、「新しいテクノロジーは何人の従業員に取って代わり、人件費をどれぐらい削減するか」という観点で語られることがあまりにも多い。

自動化は人に取って代わるのだろうか？　この問いは、テクノロジーの時代の始まりから存在する古い問いだ。

有名なのは、織物製造の自動化機械に反対したラッダイト[*1]である。19世紀イギリスの繊維労働者の団体で、組織に忠誠を誓う者を会員とし、織物機械を破壊することでテクノロジーの浸透に抗議する過激派だった。名称は、織物職人のネッド・ラッドに由来すると言われている。彼らは、工場主は「ウソと騙し」で機械を導入し、まっとうな労働慣行を回避しようとしていると抗議した。ラッダイトが恐れたのは、長年かけて身につけた技術が無駄になることだった。

コロナ危機が加速するにつれ、自動化が人間に取って代わりつつあるように見えた。英国リバプール大学の科学者たちは、高い労働倫理を持った新しい研究室助手を手に入れた。身長175センチの知能ロボットは、人間の同僚や障害物を避けながら実験室内を動き回り、さまざまな作業を単独でこなすことができる。[*2] 実験結果をもとに、次に何の検査をするか自分で判断することさえできる。

治療室に運び込まれた円筒形のロボットによって、医療従事者が離れた場所から、人工呼吸器につながれた患者の体温測定や血圧・酸素飽和度の測定を行えるようになった。[*3] 大きな蛍光灯を縦に装着したようなロボットが病院内を移動し、紫外線消毒を行った。[*4] カート型のロボットが、16階建てのホテルに隔離された感染患者に食事を運んだ。[*5] 屋外では、クアッドコプター型のドローンが検査サンプルを研究所に運んだり、[*6] 外出制限の違反を監視したりした。[*7]

こうした革新的な自動化テクノロジーは、人間の仕事の一部を代替したのだろうか？ もちろん代替した。コストが下がり、リスクが減り、患者や顧客は新技術を享受した――短期的には。しかし、このソリューションは持続可能なのか？ 長期的に見て正しいと言えるのか？

よく見ると、研究者、看護師、清掃員、警察官をロボットに置き換えたように思えたものは、じつは自動化された仕事と人間の新しい組み合わせ、新たに生まれたタスクの組み合わせだということがわかる。自動化がどのように人間に取って代わるかという点だけに注目すると、最も重要なポイントを見逃してしまう。

最も革新的で最適なソリューションは何かという視点で事態を観察すれば、自動化と人間の組み合わせこそがそれだとわかる。しかし、そのような組み合わせを認識し、理解し、最適化するためには、仕事を「職務」と「雇用契約を結んだ従業員」の固定的関係から解き放つ必要がある。仕事の脱構築の上に成立する新しいワークOSによって、人と機械の最適な組み合わせが明らかになる。

タスクの性質を判定する3つの視点

前章では、職務をその要素に分解する方法と、そのための一連の質問を示した。仕事を自動化しようとするときは、次の質問に答えることで、タスクの特性を把握することが重要だ。

- そのタスクは反復的か可変的か？
- そのタスクは独立的か相互作用的か？
- そのタスクは物理的か頭脳的か？

この質問に対する答えが、各タスクの自動化の可能性を決定する。どの問いの答えにも微妙な程度の差があり、明確にどちらかに割り切れるものではなく、中間のどこかに落ち着くことが多いのではないだろうか。一般的には、反復性が高く、独立性が高く、物理的なタスクは、自動化の可能性が高いと言える。

4つの価値

本章では、人間と自動化の最適な組み合わせを設計するうえで、新しいワークOSがいかに重要であるかを示し、最適な組み合わせを実現する方法を説明する。タスクの特性を、前章で論じた、仕事を分解する目的（すなわちROIP）と組み合わせれば、どのタスクでどのような自動化をめざすのが最適かがわかる。

その際に述べたが、タスクの目的は、パフォーマンス向上がもたらす価値を反映している。それは一般的に次の4つのカテゴリーに分類される（66ページ参照）。

- ミスの削減
- プロセスのばらつきの削減
- 価値の段階的な増加
- 価値の飛躍的な増加

各タスクの自動化の可能性とROIPの見きわめがつけば、そのタスクに最も適した自動化のタイプを検討する準備ができたことになる。自動化には大きくわけて次の3つのタイプがある。

●ロボティック・プロセス・オートメーション（RPA）
●コグニティブ・オートメーション（AI）
●ソーシャル・ロボティクス

最後に、各タスクの自動化によってどんな効果が生まれるかを、人間の仕事と関連づけるかたちで考えることができる。効果には次の3つがある。

●人間の仕事が代替される
●人間の仕事が補強される
●人間の仕事に新しい価値が生まれる。

3種類の自動化

では、自動化の3つのタイプについて説明しておこう。

❶ロボティック・プロセス・オートメーション（RPA）

3種類の自動化のなかでは最もシンプルで、最も成熟している。大量の、複雑ではない、定型的なタスクに適した自動化だ。たとえば、かつてはシステムの接続やデータ転送は人間が行うしかなかったが、この種の作業は自動化されて久しい。

RPAが行う仕事としては、システム間でデータを転送すること、電子メールやスプレッドシートから情報を抽出すること、抽出した情報を企業資源計画（ERP）や顧客関係管理（CRM）などに入力することなどが挙げられる。RPAは、こうしたタスクを人間抜きで、迅速かつ安価に自動化できる。

反復的、独立的、頭脳的なタスクにおいて人間の代わりを務めることができ、品質や手順のばらつきをなくす効果を発揮する。

❷コグニティブ・オートメーション（AI）

しばしばAI（人工知能）と呼ばれ、パターン認識、機械学習、言語理解などのツールを使った人間の認知《コグニション》作業を自動化する。AIと機械学習とセンサーを組み合わせた〝機械脳〟といえる。音声や画像の認識、音声のテキスト化、自然言語の理解といったタスクを自動化するときの中心的な技術だ。

可変的、独立的、頭脳的な人間の作業を補強し、それによるROIPは段階的もしくは指数関数的に向上することが一般的だ。

❸ソーシャル・ロボティクス

センサー、AI、機械を使って人間の居る空間を物理的に移動し、人間と何らかのやりとりをするロボットを指す。ソーシャル・ロボティクスの下位分類として、「協働型」ロボット（コボット）がある。コボットは人間の作業者を感知し、人間の行動にリアルタイムで反応し、物理的に人間と一緒に作業する。

ソーシャル・ロボティクスは可変的、相互作用的、物理的な作業において人間の能力を補完し、パフォーマンス価値の段階的増加をもたらす。

商品配送センターにおける作業の自動化

ここで、前章で取り上げた大手小売企業の配送センターの話に戻ろう（69ページ参照）。

同社は当初、伝統的なワークOSのまま、つまり職務と人の関係を固定的なかたまりとして捉えたまま、新しいテクノロジーで置き換えようとした。要は、自動化によって人間が要らなくなる仕事を探したのだ。しかし、そのような自動化は仕事の一部を置き換えただけで、別の場所に新たな仕事を生み出してしまった。

同社は、ほとんどのタスクが自動化できる職務を廃止して、どうしても自動化できなかったタスクと新たに生まれたタスクについては、新たな職務と担当者を設けたが、そのやり方は従業員のフラストレーションを高め、とても最適なソリューションとは言えないことがわかった。たとえば、機械の保守管理を行う専門技術者や、稼働中のトラブルに対処する問題解決担当の仕事が生まれた。

そこで私たちが介入し、新しいワークOSに従って仕事を分解するところから始めればもっと良い方法が見つかる、と説明した。同社は梱包業務のオペレーションをタスクに分解した。そして、さきほど挙げた3つの問い（86ページ参照）を使って、各タスクの性質やそれがめざす価値（目的）を見きわめることによって、タスクを遂行する最適の方法——人間が行う、機械にやらせる、人間と機械の組み合わせによって行う——を判断することができたのだった。

以下は、梱包作業に含まれる7つのタスクについて同社が行った分析である。

❶梱包容器の組み立て——梱包用部材を取り出して梱包容器を組み立てる

可変的、独立的、物理的な作業。パフォーマンスを改善して、スループットを段階的に向上させることが目的である。変動が激しく予測不可能なので人間が行うのが適している。

❷梱包容器の移動――組み立てた梱包容器を所定の場所に移動させる

反復的、独立的、物理的な作業。完成した容器を梱包エリアの空きスペースに移動させる作業だが、コンベアや、スペースの空きを感知して容器を移動させる技術によって自動化することができる。

❸商品のピックアップ――バルクコンテナから商品を取り出す

反復的、独立的、物理的な作業。自動化に適している。製品をピッキングするロボットアームを使用する。

❹商品ラベルのスキャン――取り出す商品が間違っていないか確認する

反復的、独立的、物理的な作業。商品をどの容器に割り当てるべきかを判断するセンサーで自動化することができる。

❺商品の詰め込み――商品を適切な梱包容器に収める

反復的、独立的、物理的な作業。スキャンされた製品を適切な容器に入れるロボットアームによって自動化できる。

❻最終梱包――梱包容器内での商品の収まり具合を調整して梱包を完了させる

梱包容器内の商品を並べ替えて空きスペースを調整し、破損や変形を防ぎながら梱包を完了するという、可変的、独立的、頭脳的な作業。人間が行うのが最適だ。

❼梱包容器のスキャンと移動――詰め込みが終わった容器をスキャンし、出荷作業場に移動させる

容器が一杯になったことを確認して閉じるというのは可変性の大きい作業なので、人間が行うのが最適だ。人間が梱包済み容器をスキャンし、適切な出荷ドックを判断し、それに応じて所定のコンベアに載せることができる。

自動化からではなく、仕事の分析から始める

ここまでの説明で理解してほしいことは、新しいワークＯＳの導入は、仕事の見直しから始まるということだ。

前章で私たちは、この小売企業が、配送センターと小売業務のオペレーションを向上させるために、いきなり新しいテクノロジーを導入したと説明した。この間違いがもたらした結果（人件費の増大、追加的雇用の発生など）を思い出してほしい。私たちが行った何百もの組織との共同研究から、これに類したことが頻繁に起こることがわかっている。

テクノロジーから考え始めるのではなく、仕事から考え始めることによって、人間が行っているどの仕事が機械で代替され、どの仕事が補強され、どの仕事が新しいかたちに再編されるかを特定することができる。それによって、人間と自動化の組み合わせを最適化することができるのだ。

生産者協同組合が取り組んだ自動化——ツリートップ

仕事の見直しから始めることの威力は、ツリートップ（Tree Top）のケースによく表れている。ツリートップは生産者が所有する果実加工の協同組合だが、世界の食品会社上位25社のうち20社以上、そして全米各社のブランド果実製品に果実原料を提供している。[*8] 同社の高い市場競争力に大きく貢献しているのは、工場での先端技術の活用だ。

２０１８年度当初、ツリートップは各工場の自動化を最適化すべく、業務改革プロジェクトに着手した。果実のチェックやデータ入力など、反復性が高く技術的負担が少ない作業を自動化し、希少な専門的スキルが必要な複雑で変化に富む作業に、多くのリソースを割こうと考えた。

その際、ありがちな進め方は、まずテクノロジー導入を決定し、設備投資やワークフローの変更を行ってから、それに対応するために人間の仕事を考えるというものだ。だがツリートップは、人事、オペレーション、技術のリーダーからなる部門横断的なチームを編成して、現状を分析することから始めた。彼らは、どのタスクを自動化するか、自動化と人間の能力を組み合わせることで仕事の進め方をどう改革できるか、どの時点で改革完了とするかを考えた。

それが明確になってから、はじめてエンジニアや技術者が自動化推進プロジェクトに加わった。仕事全体を計画するという発想がベースにあったおかげで、プロジェクトチームは主たる対象領域だけでなく、隣接する業務の分析も行うことができ、全社的な生産効率を向上させることができた。

こうした取り組みによって、生産に要する労働時間を5%削減できるアイデアが生まれた。その結果、同社は、当初の設備投資戦略の一部を変更し、労働力の最適化とプロセス改善のための施策を盛り込んだ。修正された戦略を見た取締役会は、プロジェクトチームにさらにアイデアを出すよう求めた。そのとき提出されたアイデアは、のちに資金に余裕ができたときに実行に移された。現在、オペレーションのリーダーや経営幹部は、HR部門のインサイトや、その他の部門横断的プロジェクトの経験からも、仕事の改革や再構築につながるアイデアを発掘しようとしている。

自動化の最適化に終わりはない

人間と機械の最適な組み合わせは、「いちど達成したら終わり」ではない。実際、新しいワークOSには、仕事の改革と再構築を繰り返すという条件が明確に含まれている。新しいワークデザインで走り始めたら、その結果を監視しつづけ、疑問をぶつけ、ストレス・テストを繰り返さなくてはならない。そうすることではじめて、職務固定方式に戻ろうとする伝統的なワークOSの慣性を克服することができる。

特に自動化は、進歩の速いテクノロジーと歩調を合わせて変化することが多いので、継続することの重要性が大きい。テクノロジー導入の決定からではなく、仕事の分析から始めることによって、その仕事がどのようにプロセスに関わっているのかがよく理解でき、テクノロジーの導入を最適化する土台を築くことができる。テクノロジーを導入してから、仕事をテクノロジーに無理やり合わせるようなやり方では、そのような結果は望むべくもない。

たとえば、くだんの大手小売企業の配送センターでは、以前から定置型コンベア技術を応用した自動化が行われていた。それは商品の流れを改善し、スピード、スループット、生産性を大幅に向上させた。そこにソーシャル・ロボティクスが登場したら何が起こるだろう。これはセンサー、AI、モビリティを活用して自ら移動し、人間と物理的に協働できる強力な力を持つ新技術だ。[*9] 従来のロボットは、コンベアによる自動化システムのように、1カ所での定型作業や反復作業に限られていたが、ソーシャル・ロボットは、さまざまな場所で、定型作業でも非定型作業でも自動化することができる。

従来のプロセスでは、商品を機械から次の機械に送り、人間が機械のある場所に移動しなくてはならなかったが、ソーシャル・ロボットは、これまでにない方法で人間と協働することで、そのような制約を取り去ってしまった（空を飛ぶドローン、歩く人間型ロボット、転がるスウォーム・ロボットなどを考えてみてほしい）。

センサーが周囲の環境や人間の行動を察知し、そのセンサーからのデータを使ってAIがロボットの行動をコントロールする。機動力を増したロボットが人間と共同作業を行えるようになることで、人間も機械も、ともに生産性を大幅に向上させることができる。

しかし、このようなロボットによる自動化は、それまで固定コンベア・システムで人間が行っていた作業を代替したり、補強したり、変えてしまう可能性があるので、仕事を再設計することが必要になる。人間と機械の最適な組み合わせは「いちど達成したら終わり」ではない、ということがわかっていただけると思う。

DHLの自動化方式

運輸とロジスティクスサービスのDHLは、さまざまなタイプの自動化を採用している。[*10] 使用するタイプは、作業の性質、物理的スペース、インフラ面の制約などで決まる。DHLは複数のテクノロジーを実験・検証することで、不断の業務改革を実行するための基盤を確保し、そのような改革を可能にする文化を醸成している。

以下に、DHLが採用している4タイプの自動化方式を紹介しよう。

4つの自動化方式

❶人間主導(フォロー・ミー)

人間のピッカーに操作されてロボットカートが移動する。ピッキングがすべて終わると、ピッカーはロボットに仕事が終わったことを知らせ、ロボットは自律的に梱包ステーションに移動する。ピッカーはその場に留まり、次のロボットカートがやって来るのを待つ。人間の移動時間が短縮され、人間がカートを押す必要がないことから、20％の生産性向上が実現した。

❷ロボット主導（リード・ミー）

ロボットカートが人間のピッカーを先導して地点間を移動する。各地点でピッキングするアイテムと数量が表示され、それを見てピッカーがピッキングと積み込みを行う。すべてのピッキングが終わると、ロボットは梱包ステーションまで自律的に移動する。この方法によって最大50％の生産性向上が実現した。

❸協働方式（スウォーム・ミー）

人間のピッカーとロボットカートが別個に動きながら協力するという方式である。ロボットはオーダーを受信するとピッキング地点に移動する。近くにいるピッカーがロボットの画面に表示されるオーダーを見て、アイテムをピッキングしてカートに入れる。ロボットの群れ《スウォーム》を動かして、1つのゾーンに複数のロボットを投入することもできる。アイテムを積み込んだロボットは、それを自律的に梱包ステーションまで運ぶ。この方法によって200％の生産性向上が実現した。

❹完全自動化ロボット（ホーリー・グレイル＝聖杯）

ピッキングもできる移動式ロボットカートである。目的のアイテムがある地点まで自律的に移動し、棚からアイテムを抜き取ってカートに入れ、梱包ステーションに届ける。有望な技術だが、ロボットカートが高価であること、ロボットアームの動きが遅いこと、ピッキング速度が遅いことから、まだ実用段階ではない。

新技術導入のための5ステップ

DHLは5つのステップを踏んで新技術の検証と導入を行っている。

❶自社の現状を知る

あらゆる状況に適合するテクノロジーはない。自社に必要な新しいテクノロジーを選ぶには、まず受注内容のプロファイル、ピーク時とオフピーク時の貨物量の比率、物理的スペース、インフラ面の制限などを把握し考慮する必要がある。

❷ソリューションの拡張性を考える

たとえば、倉庫管理システムと統合できて、物流ネットワーク全体で活用できるようなソリューションなら、大規模な投資が正当化される可能性があるし、必要に応じて複数の施設に導入することができるかもしれない。

❸あと戻りできなくなるポイントを把握する

インフラに恒久的変更を加えなければならない場合、新技術を生産的に機能させる困難が増す。新しいソリューションが機能しなかったとき、現状に復帰することができるだろうか？

❹すべての結果を測定する

ピッキングやパッキングといった一部のプロセスだけでなく、すべてのプロセスでソリューションの影響を把握することが重要だ。

❺適切なパートナーを見つける

成功の確証のない新しいテクノロジーを導入するときは、段階的な導入の重要性を理解し、はずみがついたらスピードアップのためにサポートしてくれるような技術パートナーが必要だ。新技術のリスクを管理するためにはパートナーとの連携が不可欠だ。

どの自動化戦略を選ぶべきか

自動化の４つの原則

先に取り上げた大手小売企業（69・90ページ参照）が、ＤＨＬが行っているようなオペレーションの自動化をめざしたら、どうなるだろう？

商品がロボットや作業員がいる場所にコンベアで運ばれて来るのではなく、ロボットや作業員が商品のある場所に行くことになるだろう。そうなった場合、仕事はどう変わり、物理的環境や会社のほかのシステムにとってどんな意味を持つことになるのだろう。

この会社は実際に、スウォーム・ロボティクス（協働方式）が次の有望な選択肢だと考えた。だが、導入の妥当性をどう検証すればいいのだろう。そのとき役に立つのが新しいワークＯＳの４つの原則だ（37ページのリスト再掲）。

- ●現在の職務を前提とせず、仕事を分解して、達成すべきタスクを見る。
- ●人間と機械を融合させる（人間を単純に自動化で置き換えるのではない）。
- ●あらゆる就労形態を考慮に入れる（正規雇用、ギグワーカー、フリーランス、アライアンス、プロジェクトベースなど）。
- ●人を職務に縛りつけず、自由な人材移動を可能にする。

自動化を導入する方法の絞り込み

この会社は、スウォーム・ロボットの導入に際して、右の４つの原則を念頭に、以下のことを自らに問いながら進め方を絞り込んでいった。

❶どの仕事をさせるのか？

スウォーム・ロボティクスはワークフロー全体を変えることができるかもしれないが、最大の機会は商品のピッキングにあった。それは、仕事のなかで最も非効率的な部分であり、最も多く事故を起こしていた部分だった。

❷人間と機械をどう融合させるか？

これまで同社のピッキング作業は、指示を受けた作業員が手作業やフォークリフトで製品をピックアップし、梱包ステーションに運んでいた。スウォーム・ロボットが導入されると、オーダーは倉庫管理システムから直接ロボットに伝えられ、ロボットが適切な場所に移動し、人間が製品をピッキングしてロボットに載せ、ロボットが自走して梱包ステーションに運ぶという流れに変わる。以前は人間が行っていた作業が、人間とロボットの共同作業になり、配送センター内での人間の動きがはるかに少なくなった。

❸オルタナティブな就労形態を導入する必要があるか？

フォークリフトの操作という特殊技能が必要なことや、継続的かつ恒常的な業務で季節変動もほとんどないことを考慮すると、ピッキングの仕事は引き続き通常の雇用関係にある従業員が担当する（自動化によって細かい変更はあるにしても）のがベストな選択肢だと判断した。

❹新しい技術によって人間は持ち場に着きやすくなったか？
ピッカーの仕事を再設計したことで、彼らと彼らが仕事をする場所が近づいた。彼らが移動することによってではなく、ロボットが彼らに近づいてくることによってそれが実現した（ロボットに製品を載せるのが人間の仕事になった）。

❺同じソリューションを他の配送センターにも展開できないか？
この会社は、すべての配送センターの設計が共通していたので、1つのセンターで行ったのと同じ改修工事を、他のすべての配送センターでも行うことができた。

❻あと戻りできなくなるポイントはわかっているか？
ソリューションを広範囲に導入する前に、プロトタイプを使った検証を行うことで、柔軟な試行錯誤の余地を確保した。

❼配送センター全体の運営にどのような影響があるか？
新しいソリューションは、ワークフローの他の部分にどんな影響を与えるだろう？　自動化はピッキングのスピードと生産性を向上させるだけでなく、ピッキングと梱包をシームレスに統合するだろう。言い換えれば、2つの作業を、隣接するが異なるプロセスと見なすのではなく、最初から最後までを1つのプロセスとして統合するのだ。これにより作業全体のスループットとスピードが向上する。

❽自動化のプロトタイプ構築に協力してくれるパートナーはだれか？

同社は複数の自動化ベンダーをパートナーとして選んで、導入する技術のプロトタイプを構築し、最適なパフォーマンス確保に向けた反復作業を行った。

ダーク・ウェアハウス

この小売企業がスウォーム・ロボティクス導入に際して行った分析は以上だが、テクノロジーの世界ではつねに新しい発明があるので、同社は新しい開発動向を注視しつづけている。

たとえば、コロナ・パンデミックが発生し、作業員同士が距離を取って作業しなくてはならなくなったとき、一部の企業は人間の作業員がいなくても稼働する「ダーク・ウェアハウス」へとシフトした。

中国の物流企業である京東商城《ジンドンしょうじょう》（JD.com）は最近、わずか4人の従業員で1日に20万件の注文を処理できる自動化倉庫を公開した。[*11] 4人の役割はロボットの管理で、それ以外の作業は完全に自動化されている。ほとんどの時間は「暗闇《ダーク》」（人間のための照明が点灯していない）状態で稼働し、ロボットの管理を行う人間が作業をするときだけ「明るい」時間がある。

この倉庫は、上海郊外の昆山《クンシャン》にあるフルフィルメント・センターの一部であり、京東商城はここから中国の遠隔地に即日配送することができる。この施設に到着した荷物は、ただちに高速コンベアや、マイクロ秒単位で中身を確認するスキャナーなど、複雑な自動機械のネットワークに投入される。スマート・ロジスティクス・システムは、荷物を配送先の地域で仕分けし、大きなコンテナに格納する。無人のフォークリフトがこのコンテナを待機中のトラックまで運ぶと、荷物は配送先に向けて出発する。京東商城の配送センターでは、人間の作業員はすべて姿を消し、ロボットの保守サービスをする4人のフルタイム従業員がいるだけだ。

本書が紹介している小売企業は、倉庫作業員の解雇や再配置が必要な、これほどドラスティックな変更に踏み切る準備ができているだろうか？　それを考えるときは、単純に倉庫の効率やコストだけを計算するのではなく、倉庫で不要になる作業員の能力は他の業務への配置転換に対応できるかも考慮する必要がある。レイオフを行う場合は、作業員の再就職を支援する必要がある（この点については第7章で触れる）。

知識労働への適用――人材採用担当業務のケース

新しいワークOSを実態に即して説明するために、ここまで何度も、小売企業の配送センターで行われている肉体労働（物理的労働）のケースを使った。だが新しいOSは、しばしば「知識労働」と呼ばれる、頭脳的な仕事においても有効だ。

その例として、ある大手専門サービス会社の取り組みを挙げよう。この会社は5人の人材採用担当者の仕事を改革した。採用プロセス全般にわたって求職者を管理するのが採用担当者の仕事で、そこにはさまざまなタスクが含まれる。一例を挙げると、彼らは採用候補者のプロフィールが更新され、必要な情報がすべてアップデートされている状態を維持するために、応募者追跡《アプリケーション・トラッキング》システム（ATS）の確認に仕事時間の10％近くを費やしていた。不足している提出資料があれば、候補者に電子メールを送って提出を促すという作業もあった。

この種の反復的で、独立的で、頭脳的な作業は、ロボティック・プロセス・オートメーション（RPA）に適している。RPAボットは、ATSに不足している項目がないか継続的にチェックし、足りないものがある場合は候補者に自動メールを送信する。オファーレターの作成、入社日の追跡・確認といった他のタスクでも、RPAは採用担当者に代わって効果的に機能することが証明された。

仕事を分解して分析したことで、5人の採用担当者が行っている仕事の42％――16種類のタスクにまたがるさまざまな作業――をRPAで代替できる可能性があることがわかった。それを実現すべく業務を再設計したところ、ミスが一切なくなり、16のタスクの処理スピードが大幅にアップした。自動化で浮いた採用担当者の時間については、どうするのが適切だろう？　彼らはその時間を求職者との非定型的なやり取りや、パーソナライズされた体験を提供することに振り向け、人間にしかできない仕事に集中できるようになった。

この章のまとめ

この章では、新しいワークOSがワーク・オートメーションの最適化に不可欠である理由を述べた。最適なソリューションは、単純に人を機械で置き換えるのではなく、人と機械を結び合わせるものだからである。

仕事と担当者を固定的なセットと考える伝統的なワークOSでは、自動化の課題に対応できないばかりか、新たなビジネスチャンス（たとえばダーク・ウェアハウス）にも対応できない。新しいワークOSは、個別の事情をふまえた最適なソリューションを明らかにする。そのためには、伝統的な職務固定方式を捨て、仕事をタスクや活動に分解したうえで、改めて最適な方法で再構築する必要がある。

次章では、人間の働き方に焦点を絞る。フルタイム雇用にとらわれることなく、人間と組織の多様な関係を可能にするさまざまな就労形態について考えてみよう。そこでもまた、職務と個人を固定的なセットとして扱う伝統的なOSでは新しい可能性をすくい取れないことがわかるだろう。それを可能にするのも、やはり新しいワークOSである。

チェックリスト

①分解された各タスクについて、自動化の可能性を検討したか？
②各タスクにふさわしい自動化のタイプはどれか？
③現在のプロセスにとらわれずに発想するなら、どのような自動化が可能と考えられるか？
④現在、そのようなタイプの自動化技術は存在するか？
⑤社内に新しいワーク・オートメーションの実験ができる領域があるか？

Chapter 3

自由で創造的な働き方

フルタイム雇用からオルタナティブな就労形態へ

Work Arrangements beyond Employment

コロナ危機で立ち上がった企業

コロナ危機にすばやく対処した労働者は賞賛に値する。知識労働者のリモートワークへの切り替えは迅速だったが、それにも増して、リモートワークができない製造業、小売業、その他の現場労働者のあいだで勇気づけられる動きが多く見られた。

さまざまな動き

アイオワ州の農機具・建設機械メーカーであるディア・アンド・カンパニー（Deere & Co.）は、少なくとも22万5000枚のフェイスシールドを製造した。[*1]

ふだんはアウトドア用品を製造しているメイン州のフローフォールド（Flowfold）もフェイスシールドを作った。そのために医療従事者から製品デザインのアイデアをもらい、新しいワークフロー、材料、トレーニングも行った。[*2]

テキサス北部のアウトドア用クッションメーカーは、従業員の雇用を守るために、1カ月足らずで製造品目を変え、1日1000枚を超える医療用防護服と700枚のフェイスシールドを生産する能力を獲得した。従業員は縫製スキルを新しい製品に対応させてその転換を実現させた。[*3]

ゼネラルモーターズ（GM）、JRオートメーション（日立グループ）、エシス・オートメーション（Esys Automation）の3社は、ただちにマスクの製造を開始した。[*4] GM／日立チームは、エンドツーエンドの生産ラインを設計し、用途変更によって材料を調達し、わずか6日間でGMのクリーンルームをマスク工場に転換した。

製品を自動車からマスクに変えたGMでは、従業員がボランティア精神を発揮し、呼びかけから2時間で13シフト（315人）が埋まった。GMコーポレート・ギビングの従業員ボランティア活動担当のショーン・オサリバンが語っている。「ミシガン州南東部のGMグループ全体に宛ててメールを1通送ったら、全員が応えてくれた。多くの従業員がコロナとの戦いに前向きな反応を示してくれた」

新しい労働力の供給源を開拓することに俊敏性を発揮した会社もある。靴下製造のレンフロ（Renfro）の社長兼CEO、スタン・ジュエルは、週当たり100万個のフェイスマスク製造に踏み切った。[*5]「難しかった部分」は、製造と梱包を行うために、7カ所で550人の臨時従業員を確保することだった。彼は、まだ労働市場に現れていない16歳から20歳の若者を集めることで、その問題を解決した。「自分たちが思っていたより、ずっと速く動けることがわかりました。……自分たちの得意なスキルを、どうしたら新しいかたちで生かせるかを考え抜いた結果です」

このような機敏さは、仕事と人が組織間を行き来することで組織の境界を溶かすことにもつながった。スーパーマーケットのクローガー（Kroger）は、食品卸売業のシスコ（Sysco Corporation）

から、一時解雇された従業員を30日間借り受けた。[*6] アイオワ州立大学の産業研究センターのプログラムは、同州の300キロ以上離れた2社（メイソンシティのダイメンショナル・グループ（Dimensional Group）とオタムワのアングストローム精密成形（Angstrom Precision Molding））が共同で週に10万個のフェイスシールドを生産することを可能にした。[*7]

コロナ危機が働き方を変えた

仕事が流動的なタスクにかたちを変えたのと同様、労働者についても、流動的なスキルや能力の持ち主として見る視点が主流になりつつある。最近のハーバード・ビジネス・レビュー誌の記事によると、「コロナ危機は、これまでリモートワークが困難とされていた業界の企業に、代替的《オルタナティブ》労働形態の導入を妨げていたワークプロセスの再構築と技術サポートシステムの強化を迫っている」。[*8]

ジョブシェアリング（ワークシェアリングという呼称のほうがよく知られている）が「連邦政府の支援のもとで」進められているが、[*9] 経済学者[*10]も、共和党も民主党も、労働者の解雇を防ぐための方法としてこの政策を評価している。

フルタイム勤務をパートタイム勤務に切り替えて雇用をシェアし、解雇を避けようとする方法だ。働く時間は減るが、賃金の減少分は州が負担する失業保険で補われる。雇用関係は維持されるので、状況が好転すれば元の状態に復帰できるし、病気になったときや家族の介護のために休みを取ることもできる。会社側も人件費の負担が軽減される。デトロイト市は、市が雇用する9000人のうち1700人をこの種のワークシェアリングプログラムに登録した。

こうした称賛に値する勇気づけられる事例は、第1章で述べた重要なパターンの現れでもある。すなわち、以前は安定した固定的雇用のもとで行われていた仕事が、いまでは流動的な要素に溶け出しているということだ。この状況は正式な職務設計によって生じているだけでなく、労働者自身が機会や課題に対処しようとして、新しい方法で仕事をつくることによっても生じている。

あまり知られていないが、この変化は労働者にとってもメリットがある。自分のスキルを最大限に活かすために仕事の設計を変更できるし、テクノロジーがどのように役立つかを見きわめ、リスキリング（学び直し）の機会を選び、自分の仕事とほかの仕事のあいだにある隣接関係を見いだすこともできる。

かつて労働者《ワーカー》といえば雇用契約で守られた従業員のことを意味したが、いまでは流動的な存在となり、持てるスキルや能力などの単位で論じられ、扱われるようになっている。人材プールのなかにあるのは、名前のついた個人ではなくスキルだ。そこには職務《ジョブ》と関係のないスキルも含まれており、それら一切合切が組織の境界を越えて移動をくり返すようになっている。

オルタナティブな就労形態

新しいワークＯＳは、仕事が従来型雇用の従業員によって遂行されることを否定するものではないが、オルタナティブな就労形態の可能性を積極的に受け入れようとする。新しい働き方を選んだ個人に働いてもらうには、フルタイムで雇用されて社内でさまざまな職務を担うのが労働者だという前提を捨て去らなくてはならない。

働いてくれる人はどこにいるか？

新しい就労形態は増えつづけており、そのような人材の供給源は「人材《タレント》エコシステム」と呼ばれることが多い。次のリストは、企業生産性研究所（Institute for Corporate Productivity：ｉ４ｃｐ）によるもので、人材エコシステムのなかでも最も一般的なものである。[*11]

● 人材交換——自社以外の組織と人材の交流・ローテーションを行うことで、必要な能力、視野、関係を確保する。

● ギグワーカー、フリーランサー——外部の人材プラットフォームを利用して、必要なときに必要なスキルや能力をオンデマンドで利用する。

●クラウドソーシング――社内外の厳選された対象者《オーディエンス》から、インプット、情報、アイデアを入手する。

●イノベーションのパートナーシップ――新しいアイデア、事業化、ベンチャー立ち上げなどのために、スタートアップや学術団体と連携する。

●共同組合、インターンシップ、アプレンティスシップ――キャリアが浅い学生やキャリア転換中の学生を利用して、特定の業務を担当させ、将来の人材パイプラインを構築する。

●非伝統的人材――十分な行政サービスにあずかっていない人、貧しい人、障がい者など、忘れられがちな人びとのなかから人材を求める。

●社内の人材マーケットプレイス――自社の従業員に対して、担当外のプロジェクトやタスクへの参加を呼びかけ、要員上のニーズを満たす。

複数の職務をこなすフルタイム雇用という選択肢がこのリストにあってもよいが、それが唯一の選択肢であってはならない。労働力を最大限に活用するための、複数ある選択肢のうちの1つであるべきだ。しかし、ほとんどの企業のリストには、このタイプの従業員しか載っていない。

人材交換をサポートするプラットフォームの好例は、ピープル＋ワーク・コネクト（People+Work Connect）だ。アクセンチュア（Accenture）、リンカーン・フィナンシャル・グループ（Lincoln

Financial Group)、サービスナウ（ServiceNow）、ベライゾン（Verizon）の人事最高責任者によって考案され、アクセンチュアが提供している。[*12]

コロナ危機のさなかに考案されたこのプラットフォームは、働き手を求めている企業に対してはそれを満たす労働力の所在を教え、従業員を自宅待機させている企業には働き手を求めている企業を教えてくれる。２０２０年3月に構想されると、２０２１年6月時点で早くも95カ国２６５社に利用され、40万件以上の求人・求職情報が登録された。

この取り組みの鍵は、労働者を仕事に戻すという目標に焦点を当て、企業が自社の従業員のことだけを考えるときに生じる障壁を取り除くことだった。そのために重要なのは、職務の名称ではなく、分解されたスキルという共通言語を見つけることだった。

たとえば、ある消費財メーカーの物流施設がパッカーとピッカーを必要としている一方で、ある航空会社では、荷物の運搬係が一時解雇されることになった。仕事の名前は違っても、スキルを比べれば2つの仕事の内容は一致することがわかり、両社は組織の壁を越えて人材を共有することができた。

新しい就労形態を機能させるための視点

オルタナティブな就労形態は、ワーク・オートメーション（第2章参照）と同様、企業が伝統的なワークＯＳにとらわれ、仕事と人の結びつきを固定的に受けとめていたら最適化が難しい。従来型雇用の従業員の仕事を、内容はそのままで、たんに新しい就労形態の働き手で置き換えても最適化することはできない。

オルタナティブな就労形態を最適なソリューションとするには、仕事をタスクや活動に分解し、労働者をスキルや能力に分解する必要がある。そして、分解された各要素が新しい就労形態に適合するかどうかを検証し、最適な組み合わせが成立するように仕事のあり方を改革する必要がある。

イントロダクションで説明した就労形態の3つの側面を思い出してほしい[*13]（43ページのリスト再掲）。

1　任務（行われるべき仕事）
(a) どこまで細かく分解できるか？
(b) どこまで範囲を広げられるか？
(c) どこまで雇用と切り離せるか？

2　組織（仕事を行うための境界で区切られた場）
(a) どの程度まで組織の境界を越えて容易に出入りできるか？
(b) どの程度まで外部とつながるべきか？
(c) どの程度までコラボレーションを行うべきか？
(d) どの程度まで境界を広げて他者を巻き込むべきか？

3　報酬（成し遂げた仕事と交換に提供される対価）

(a) 仕事の完了後、どれぐらいの期間のうちに報酬を支払うのか？　即座に支払うのか？

(b) どこまで具体的な方法で報酬を個別化するか？

(c) 従来の給与や福利厚生を超えて、どこまでクリエイティブな報酬をイメージできるか？

そこでプロダクトデザイナーの話を使って説明したように、新しいワークＯＳは、「この従業員をオルタナティブな就労形態で置き換えられるか？」と問うのではなく、仕事と個人を分解したうえで、タスクと能力に対して右の問いを投げかける。分解された要素に焦点を当てることで、オルタナティブな就労形態のチャンスと課題を明確に把握することができる。

人事の慣行とプロセスを変える

オルタナティブな就労形態をワークＯＳに組み込むと、人事に関する慣行とプロセスを全面的に見直す必要がある。以下に見直しが必要なおもな項目を挙げよう。

要員計画

職務をタスクに分解し、分散させ、特定の個人との固定的関係を切り離すことができれば、要員計画上の制約やジレンマを軽減する方策や、タスクの新しい組み合わせを考えられるようになる。

それによって要員計画が容易になることがある。仕事を分解、分散、切り離してアップワーク（Upwork）やトップコーダー（Topcoder）のようなギグ・プラットフォームに公開してしまえば、あとは必要が生じたときに、有資格者のプールであるプラットフォームをのぞいて見るだけでよくなるからだ。

要員計画は、他の組織への働きかけや、フリーエージェントとして仕事をしてもいいと思う個人も含めて設計する必要がある。つまり労働力の「供給」という概念そのものが変わる。

勧誘・調達

従来、人事の分野での勧誘、調達、募集は、雇用を念頭に置いて、会社のために働きたいと思ってくれる、資格要件を満たす人材を獲得するために行われるのが一般的だった。要するに、雇用されたいと思っている人を集めるということだ。そのためには複数のシステム（調達、契約、提携、採用）をシームレスに連携させる必要があるが、人びとのエンゲージメントの対象はもはや雇用ではないのかもしれない。

スーパーボウルのときだけYouTubeに流す広告を制作する従業員をフルタイムで雇うような余裕は、どんな企業にもないだろう。しかし、その広告制作プロジェクトを分解し、組織の仕事から切り離せば、必要な人材をクラウドソーシングやフリーランスのプラットフォームで探せるし、従来型の採用では考えられなかったような多額の報酬や個人的名誉を提示できるだろう。これからの採用責任者は、通常の従業員候補を集めるのと同様に、フリーランサーやボランティア、あるいはパートナーに提供してもらう働き手を集めることにも長《た》けていなければならない。

選考

従来の選考システムは、フルタイムの従業員候補を選ぶことに重点が置かれた。多くの場合、候補者が会社の文化に溶け込めるか、最初の配属先での仕事が終わって職務が変わったとしても、引き続き勤務させられそうかを確認しようとした。

だが、雇用をともなわない新しい就労形態を考慮すると、選考のあり方も変わる。分解されたタスクごとに、どこでも働けて、即座に報酬を支払える就労者を選ぶことができる。場合によっては、選考プロセスをまるごと人材プラットフォームに委ねることになるのかもしれない。

仕事が分解され再構成されるにつれ、選考は「この仕事のために雇う」といった簡単な話ではなくなる。仕事を語るときの用語は、雇用だけでなく、業務契約者からボランティアまで、多種多様に広がる。「従業員選考」の責任者は「労働品質保証」の責任者となり、従業員候補を選ぶように、プラットフォームや契約労働者、パートナー企業を選考することになっていくだろう。

配属と育成

配属《デプロイ》とは、人を動かしてさまざまな仕事、場所、課題を経験させることだ。育成《デベロップ》とは、教育や訓練、体験学習、課題に挑戦させることなどを通して個人の能力を高めることだ。

雇用を超える発想に立てば、仕事と人間は、タスク、マイクロタスク、企業、プラットフォーム、アライアンスなどが織りなすネットワーク上を自在に移動することになる。従来、配属と育成は昇進、降格、異動という文脈で行われたが、これからは召集、長期休暇《サバティカル》、特別プロジェクト、人材トレードといった概念のもとで行われることになる。

自社の枠を越える大きなエコシステムのなかで仕事と人を動かすことは、会社にメリットをもたらすだけでなく、働く側にとっても、学習と成長のためのオプションが増えるという利点がある。雇用を超えた世界では、雇用主が提供しようがしまいが、個人には成長するための選択肢が存在する。

報酬

雇用を超える世界の到来で、報酬や福利厚生の考え方はどう変わっていくのだろう？　働き方の多様性が増すにつれ、給与や福利厚生もより多様で複雑なものに進化していくはずだ。

仕事が分散すると、目の前の成果物であったとしても、どこか別の場所で作成されたのちに、仲介者を経て届けられるといったケースが増える。そのため、会社と従業員の関係で付与されている報酬に、やっかいな問題が生じる。また、仕事が完了するまでの途中経過が見えにくいので、相手の努力や費やした時間、やる気に報いることができないという難しさも生じる。雇用をともなわない契約なら、雇用主負担の福利厚生は付与できないし、確実なキャリアパスや従業員向けの特典なども提供できない。

その反面、人材プラットフォームを介した仕事なら、たとえばプロジェクトを期限内に完了させたらボーナスを支給するといった方法で報いることができるかもしれない。相手が従業員なら、先例となって今後もつづける必要が生じるし、基準の設定や説明の必要もあって容易ではない。

仕事が解体され、再構築され、境界も変化しているとき、社内での職位や市場でのポジションに基づく報酬は意味を持たなくなる。たとえば、人材プラットフォームを使ったり、他社と人材の交換を行ったりする場合、給与水準を定め、他社に負けない報酬体系を決めるために参照すべき正しい「市場」とは何だろう?

伝統的なワークOSでは、異なる就労形態に対する報酬を同列に置いて考慮する必要はほとんどなかった。したがって次のように言えば事足りた。「あなたは従業員だから報酬が違うのは当然だ。トップコーダー経由で来ている人も、契約コンサルタントも、人材交換で他社からきた人も、従業員じゃないから、報酬はわが社の報酬体系とは同じではない」

だが、そんな説明はすでに通用しにくくなっている。トップコーダーの報酬は完全に可視化されているし、グラスドア（Glassdoor.com）のようなサイトの出現により、従業員は匿名で自社の経営や方針を閲覧でき、他社は同じ仕事にいくら払っているのかを驚くほど簡単に知ることができるからだ。

人材や労働力の提供において企業間にしっかりした関係があれば、組織間に境界がなくなった状況を活かして、先進的な報酬体系を構築することができる。ユニークな報酬を提供できる外部のプラットフォームや契約労働者、人材ベンダーとの関係を強化して、それらを通じて自社の報酬体系の魅力と効果を高められる可能性があるからだ。

従業員にアップワークなどのプラットフォームを介した副業を認めている会社なら、そこで報酬を得ることを促すだけでなく、自社に必要なスキルを身につけるようインセンティブを与えることさえできる。アウトソーサー、契約労働者、フリーランサー、あるいはプラットフォームと協力関係を築けば、それらを巻き込んで、単独の雇用主としての能力を超える報酬を提供する仕組みをつくれるかもしれない。

離職

離職とは一般的に雇用関係の終わりとみなされる段階だ。伝統的なワークＯＳでは雇用契約の終了にほかならず、いつ起こったかが明確にわかる事象だ。従業員の転退職は、組織論の分野で最も詳しく研究されていることのひとつだが、その理由は、それが非常に簡単に測定でき、扱いやすい事象だからでもある。

しかし、雇用を超える世界では、離職という概念は時代遅れになる。契約労働者やフリーランサーに依頼したプロジェクトが終了しても、将来また仕事を依頼することがあり得るなら、離職という概念はあてはまらない。

ブーメラン型のキャリアパスでは、いちど退職した従業員が、ほかの場所で経験を積み、より優秀な人材として復職してくることもある。離職と再雇用という単純な見方では、境界のない労働環境の潜在的価値を捉えることはできない。退職した従業員がコンサルティング会社に入社し、コンサルティング契約を結んで以前勤めていた会社のために働くというのは、伝統的な離職の概念では適切に捉えることができない。

かつて退職や転職と見られていたことは、いまや社内の部門間異動のようになった。外部組織とのつながりが強ければ強いほど、内と外の行き来が可能なネットワークのなかで利用できる選択肢は増える。離職した従業員が向かう先との協力関係が強ければ強いほど、離職と帰還のサイクルの選択肢が増え、そこから得られるものも増える。

人事慣行における以上のような変化は、さまざまな新しい就労形態の登場を反映している。新しい働き方の活用をソリューションとして最適化するためには、仕事と個人の分解が必要だということを、ここでもしっかりと意識にとどめていただきたい。

オルタナティブな就労形態——小売企業の流通センターのケース

さて、また例の小売企業の話に戻ろう（69・90・100ページ参照）。多くの組織と同様、この会社もオルタナティブな就労形態の利用を検討していたが、伝統的なワークOSが邪魔をしていた。仕事と人の関係を固定的に捉えていたため、従業員が病欠したときなどの梱包作業のためにマネージド・サービス・プロバイダー（MSP）を限定的に利用する程度にとどまっていた。

当然ながら、MSP経由で調達した人材は手取り足取り指導する必要があった（そのため、スーパーバイザーや他のパッカーの生産的労働時間が奪われる）。日によって顔ぶれが違うので、従業員が復帰するまで毎日のように指導を繰り返す必要があった。

さらに、従業員の雇用を管理するのはHR部門なのに対し、MSPのようなベンダーを管理するのは調達部門なので、ガバナンスの問題が生じることもあった。欠員が生じた現場のマネジャーは、コストと柔軟性を考えて臨時の労働力で埋めるか、安定性があって予定が立てやすい正規従業員で埋めるかを比較して、迅速に動かなくてはならないのに、管理部門が異なるために何度も足を引っ張られた。

仕事をタスクに分解すれば、〝欠員を埋める〟という問題が、タスクを完了する最善の方法は何かという扱いやすい問題に変わるため、ジレンマの多くは回避される。このような明確化により、管理職も一般従業員も、新たな制約のもとで仕事を完了させる最適な方法を見つけられる可能性がある。

新しいワークOSでは仕事はタスクや活動に分解され、個人はスキルと能力に分解される。そのとき考慮すべき問いをもういちど思い出してほしい（43・117ページ再掲）。

- どこまで細かく分解できるか？
- どこまで範囲を広げられるか？
- どこまで雇用と切り離せるか？

2つ目の問いについて、会社には労働力の調達に関してさまざまな選択肢がある。フルタイムの従業員、パートタイムの従業員、独立契約労働者、ギグワーカー、ボランティア、第三者組織とのアライアンス、あるいは完全なアウトソーシングなどだ。そのどれを選ぶのが正解なのだろう？それに答えるための鍵が、3つ目の「どこまで雇用と切り離せるか」という問いのなかにある。そのタスクは単独で実行できるのか？　それとも他のタスクと相互依存関係があり、組み合わせたほうがよいのか？

どの就労形態が適しているかをタスクごとに見きわめる

自動化するタスクを決めたら、その次は、人間が行うのが最適なタスクに焦点を当て、従来型雇用と新しい就労形態のどちらが適しているかを検討することになる。人間が行うほうがよいタスクには次の3つがある（91ページ参照）。

❶梱包容器の組み立て——梱包用部材をピッキングして梱包容器を組み立てる

このタスクを行う労働者に求められる要件は、身体能力、良心的な態度、細部への注意、およびパターン認識である。それを短期労働者に求めるのは難しくないので、雇用と切り離すことが可能だ。マンパワー（Manpower）などのMSPを介してギグワーカーや契約作業員を利用することもできるだろう。MSPは、このような特定のスキルや能力を持つ人材を十分に確保できるとうたっており、多くの場合、超短期労働者をリアルタイムで派遣してくれる。

❻最終梱包——梱包容器内での商品の収まり具合を調整して梱包を完了させる

この作業には、製品をどの程度きつく梱包するかという判断と、どの種類の製品が壊れやすく、きつく梱包できないかという知識が必要だ。その判断力と知識は経験によって培われるので、短期ではない労働者が行うべき作業だと考えられる。ただし、この作業だけではフルタイムの仕事量にならないので、ほかの作業と組み合わせてもいいかもしれない。

❽梱包容器のスキャンと移動——詰め込みが終わった容器をスキャンし、出荷作業場に移動させる

この作業には、細部への注意力と一定程度の身体能力が必要だが、経験はあまり必要ない。よって雇用から切り離し、ギグワーカーや契約作業員に割り当てることができるかもしれない。ただしこのタスクは、最終梱包（梱包容器内での商品の収まり具合を調整し再梱包する）という先行タスクと非常に近い場所で発生する。そして、これら2つのタスクに必要な能力やスキルには重なりがある。

そこでこの会社は、「最終梱包」と「梱包容器のスキャンと移動」というタスクを組み合わせてパッカーの仕事とした。切り離すのが難しかったし、変化に富む作業で多様なスキルが必要なため従業員のエンゲージメントが自ずと高まり、経験に応じて報酬にプレミアムを付けることもできた。このように、2つの業務を組み合わせることで、それぞれを別々に扱うより、フルタイムの従業員が行うのにふさわしい仕事にすることができた。

人材と仕事を結びあわせる最善の方法

次に考えるのは、人と仕事をどのようなかたちで結びつけるのが最適かということだ。イントロダクションで説明した人材の3つのタイプを思い出してほしい（46ページの再掲）。

●固定型人材（フルタイムで雇用されて固定的な役割を担う人材）

●フロー型人材（タスクや任務、プロジェクトごとに離合集散を繰り返す人材）
●ハイブリッド型人材（複合的な役割をある程度固定的に担う人材）

「最終梱包」と「梱包容器のスキャンと移動」は、1つにまとめられてフルタイムの従業員の仕事とされたが、「梱包容器の組み立て」（梱包用部材をピッキングして梱包容器を組み立てる）は、体力と器用さ、パターン認識、製品に関する基本的な知識といったスキルと能力が必要なものの、もともとほとんどの人に備わっている能力であり、簡単に習得できるものでもある。したがって外部からの人材（ギグワーカーや契約労働者）や他の役割から回された従業員でもこなすことができる。

そう考えた会社は、梱包容器の組み立てはギグワーカーに任せるのが最適だと判断した。その場合、必要なスキルは数分で教えることができるが、はじめての就労者が到着するたびに何度も教えなければならない。スキルだけでなく、モチベーションを保たせることも重要だった。どうすればギグワーカーに活躍してもらうことができるのだろう？

会社は、数千人の登録労働者を抱えるMSPを使って、その課題を達成しようとした。契約では、MSPは十分なスキルを持つギグワーカーを、会社が希望する人件費で就労させることになっていた。しかし、そのMSPが十分な人材供給を保証できないこと、賃金に上乗せされる30％のために予想以上にコストがかかることが判明した。しかも、新しい就労者が到着するたびに数分間のトレーニングが必要だった。

そこでこの会社はこのMSPとの契約を解消し、倉庫作業の人材に特化したギグプラットフォームを利用することにした。この種のプラットフォームには、ギグワークス（GigWorx）やギグスマート（GigSmart）などがあり、賃金の上乗せは10％前後だ。これによって会社は以前よりコストを削減することができた。しかし、そのプラットフォームでも人材不足が頻発し、安定的な要員確保に苦労することになった。

社内ギグワーカーと社内人材マーケットプレイス

そこで、この会社は自前の解決策を構築した。それは、社内でほかの仕事をしている従業員をギグワーカーとして活用することだった。

小売業では珍しくないことだが、店員が長時間の勤務や多数のシフトを希望しても、店舗の側がその希望に応えられないことがある。伝統的なワークOSでは、配送センターが提供できるのはフルタイムの勤務だけなので、店員の側にその気があっても、店舗での業務と掛け持ちで仕事を提供することはできなかった。

しかし、仕事を分解する新しいワークOSによって、配送センターのタスクをそれまでの仕事の括りから切り出すことができた。これにより、店舗従業員は社内ギグワーカーとして配送センターの仕事をすることができた。店員はもともと標準的な雇用契約で働いている従業員なので、配送センターの仕事でも、外部から調達した短期ギグワーカーより勤勉で信頼できる労働力となった。会社の使命や目的に対しても献身的だった。また、外部のギグプラットフォームやMSPを利用する場合に生じる間接費も不要になった。

この小売企業は、社内（従業員）からも社外（契約を結んだギグワーカー）からも利用できる独自のプラットフォーム（社内人材マーケットプレイス）を構築した。店舗従業員は当初、外部プラットフォームでは調達が追いつかない場合の補助的ギグワーカーとして位置づけられていたが、この社内人材マーケットプレイスの存在が浸透するにつれ、社内ギグワーカーの数が増え、いまでは店舗従業員と外部ギグワーカーの両方に均等に依存するモデルに変わっている。

もちろん、店舗従業員が配送センターで働いた場合、超過勤務に対する賃金や（店舗での勤務と配送センターでの勤務の合計が週40時間を超える場合）、パートタイム勤務とフルタイム勤務の区別にも注意する必要がある。

この会社は、店舗従業員を配送センターでのシフトに入れる際に管理上の間違いをおかさないことを優先して、管理システムのアルゴリズムを変更した。このアルゴリズムは、各ギグワーカーの店舗での総労働時間を把握したうえで、週40時間を超えない範囲で配送センターでのシフトを割り当てる。店舗での勤務時間に変更があると、配送センターでのシフトも自動的に調整される。

このように、新しいワークOSと3つの基準（43・117・126ページ参照）によって、仕事の性質が明確になり、うまく機能するソリューションが明らかになった。梱包のピッキングという任務は職務から切り離すことができるが、雇用から切り離す必要はない。会社はMSPとの境界をなくすことができるのと同様に、配送センターと店舗のあいだにある部門間の境界もなくすことができる。報酬は引き続き雇用と結びつけられているが、単一の職務に対して支払われるのではなく、店舗と配送センターの両方で完了したタスク（またはタスクに取り組んだ時間）に対して支払われる仕組みに改められた。

コロナ危機に対応した小売企業

コロナ危機は、この配送センターで働くギグワーカーに新たな現実を突きつけた。具体的には、パンデミックによってこの小売企業の商品に対する需要が急激に増加したため、店舗従業員の仕事が増え、配送センターでギグワークに就ける人数が減ったのだ。

しかし、他方で配送センターは、航空会社やホスピタリティ業界など、パンデミックの悪影響を受ける企業が出てきたことで思いがけない恩恵も受けた。これらの企業で一時帰休の扱いを受けた労働者が、配送センターにとって新たな外部ギグワーカーの供給源となったのである。

パンデミックによって作業手順も変わった。通常なら、ギグワーカーは梱包資材置き場に歩いて行って資材をピックアップし、容器を組み立て、それをコンベアの近くに置く。だが、コロナ感染防止のために作業員間のディスタンスを十分に確保しなくてはならなくなった。ワークフローの見直しが行われ、商品と機器の配置が変わり、作業員同士が接近する場面が最小限に抑えられた。ギグワーカーは複数ある梱包容器置き場の近くに配置されることになり、組み立てられた容器は1カ所に集められることになった。

興味深いことに、この強制的な見直しにより、作業の流れが改善され、ボトルネックの数が減った。感染防止プロトコルは緊急対応のためにプロセスを変えただけでなく、これからも続く仕事の再編成や将来の自動化にとっての新たな条件を確立したと言える。

パタゴニア

パタゴニア（Patagonia）は、アウトドアウェアと食品を持続可能な方法で製造販売する小売企業で、明快なミッションを掲げて活動している。「私たちは、故郷である地球を救うためにビジネスを営む」。同社が扱う製品には、アウトドアウェア、アウトドア用具、再生農法を用いた有機栽培の食品と飲料などがある。

コロナ危機によって来店客が減少し、店員を解雇せざるを得なくなる危機が発生した。しかし同時に、コロナ危機はオンライン販売のサポートセンターの仕事量と労働力需要を急速に増加させた。

パタゴニアは、店舗従業員の雇用を守るためには、彼らをオンライン需要の対応に振り向けること、加えてオンライン対応業務を在宅でできるようにすることが必要だと考えた。しかし、店舗とオンラインでは評価基準も給与体系も異なっており、職種間の差異を調整する手がかりがほとんどないという問題があった。

だが2つの仕事を分解して再構築することによって、店舗従業員を現在の仕事から別の仕事にシフトできることがわかった。2つの職種の給与を公平かつ平等に設定することが次の課題になった。同社は両者に共通するタスクを含む職務を新たに構築し、そのタスクについては、カスタマーサービスの従業員が行っても店舗従業員が行っても同額の賃金を払うという解決策を採用した。

グローバル保険会社のHR改革

仕事と個人の関係が一新された時代の人材エコシステムは、どのようなものになるだろう。

某グローバル保険会社は、さまざまな部署から人材を集めて、世界各地で立ち上がるプロジェクトを機敏にサポートする、データサイエンスのシェアード・サービスを構築した。その際、従来のように人を引き抜いて役職に当てはめるのではなく、スキルと仕事をマッチさせることを念頭に置いて、必要な才能をプロジェクトに集めるという方法が採用された。

まず、データサイエンス業務に必要なすべてのスキルを洗い出した（RやPython《パイソン》、線形モデリングなどのプログラミング言語に関する知識と能力など）。会社の人材管理システムで全員が1つのジョブコードに割り当てられ、報酬の基準値が設定された。

そのうえで、個人が持つスキルの組み合わせの市場価格に基づいて、基準値を上げ下げする調整をして実際の給与が決められた（たとえばＰｙｔｈｏｎ、Ｒ、線形モデリングのスキルセットの人と、Ｐｙｔｈｏｎ、Ｒ、Ａｎｇｕｌａｒ《アンギュラー》のスキルセットの人など）。個人はスキルのプールとして管理され、さまざまなタイプの仕事（プロジェクトや任務など）とのマッチングが行われた。

それまでＨＲ部門は、新たな採用枠が空いたらそれを公開するだけだったが、この変革によって、プロジェクトや任務を設計するビジネスリーダーをサポートする、人材マネジメントの高度な拠点となった。

プロジェクトが会社のグローバル人材マーケットプレイスに登録されると、機械学習アルゴリズムがプロジェクト遂行に必要なスキルを識別して、従業員のスキルと照合した。その際、隣接するスキル、プロジェクトに対する興味、仕事を引き受けられる潜在的可能性なども考慮された。

さらにこのアルゴリズムは、市場においてどのスキルの価値が上昇あるいは下降傾向にあるのかを従業員に知らせ、具体的なスキルアップの提案を行い、彼らが進化する仕事に取り残されることがないようにした。

このような方法で業務を遂行するために、マネジャーには組織文化の面でも能力の面でも重要な転換が求められている。フルタイムで雇用されている部下を使って仕事を終わらせていた時代は終わり、多数の任務やプロジェクトを通じて仕事を完了させなくてはならなくなったからだ。管理と統制の困難さと複雑さが明らかに増し、会社はチェンジマネジメントに集中的に取り組まなくてはならなくなった。

この保険会社が行ったチェンジマネジメントには、この方法を推し進めれば確かにそれだけの経済的効果があるということをマネジャーに理解してもらえるような根拠や情報の提供、プロジェクトを推進する体制づくりのサポート、成果の明確な定義、任務を管理するためのヒントやコツの提供などが含まれていた。

たとえば、ムンバイにいてもサンフランシスコにいても、プロジェクトに参加する全員が同じように活動し、効果的に協力できるように、マネジャーには全員をバーチャルでミーティングに参加させることが求められた。会議室でのリアルなミーティングは、参加できる者とできない者のあいだに不公平が生じるので行わなかった（特に高度なコラボレーション活動において、その点に注意が払われた）。リーダーシップ、マネジメント、さまざまな調整機能への影響については、第6章で説明する。

このようなスキル主導の労働市場では、高次のスキルや需要の大きいスキルを身につけることでキャリアアップが実現する（組織内の階層を上っていくという従来型のキャリアアップとは異なる）。何がそのようなスキルに該当するかについては、この保険会社は、自社が必要とするスキルだけでなく、Ｅｍｓｉバーニング・グラス（Emsi Burning Glass）といった外部組織から得たデータを使って、社外に存在する需要動向もふまえて特定した。

会社はこれら2つのデータソースから得た情報をもとに、データサイエンス担当者に、現在および将来のプロジェクトに対応するために習得すべきスキルを通知した。ワークプラットフォームのアルゴリズムは、担当者が身につけているスキルとプロジェクトが必要としているスキルを比較し、不足しているスキルを獲得するのに必要な学習リソースを見つけて当人に知らせ、必要なスキルを完全に身につけた人材へと導いていく。

この保険会社がデータサイエンスの分野で行った取り組みは、仕事が分解されていく時代に必要な新しいワークOSを示している。会社に雇われた従業員であったとしても、個人は特定の職務に縛られない。任務やプロジェクトに応じて流動している。

このエコシステムの重要な基礎は、個人を職務の所有者《ジョブホルダー》と見るのではなく、スキルや能力の保有者として見ることにある。そうすることで、任務に対応できるか、不足しているスキルは何か、どうすれば能力を補強して不足を補えるかがわかる。個人はたんに従業員として扱われるのではなく、完全なスキル・プロファイルによって扱われる。「異動先」の有無で制限されることがないため、キャリアはより流動的になる。

雇用と賃金を超える報酬

新しいワークOSの大きな特長は、仕事と個人の固定的な「一対一」対応を解体して、タスクと個人のスキルや能力のあいだに柔軟な「多対多」対応を実現し、個人の能力を効率的かつ効果的に仕事にマッチングさせる点にある。

新しいワークOSによって、個人と会社は、従来の「報酬」や「給与」の次元を超える新しい価値の交換を行えるようになる。個人には、ただ仕事が与えられるだけではなく、スキルや能力を高めつづける機会という報酬が与えられる。

前節で取りあげた保険会社がデータサイエンティストのチームを編成した方法を思い出してほしい。このようなとき、会社はただ仕事に新しい職務の名前を付けて、似たような職務の市場価値に基づいて報酬を決めるのではなく、スキルや仕事内容に明確に報いる方法を設計することによって、報酬をより効果的な人材マネジメントのツールとして活用しなくてはならない。

図表3−1（140−141ページ）は、報酬について、伝統的なワークOSと新しいワークOSの考え方や内容の違いを詳しく示したものである。

スキルの市場価値をベンチマークする

報酬の設計において大切なことは、能力、スキル、タスクについて市場価格をベンチマークすることだ。職務の名前や肩書きは関係ない。

保険会社のデータサイエンティストは、仕事に必要なスキルを持っているからチームとして召集された。このチームが仕事をするのに必要なスキルセットを、どう評価したらよいだろう？　給与を分解して、さまざまなスキルの価値を反映させることができるだろうか。

スキルの市場価格を分析し、スキルセットに基づいて報酬を提案するデジタルツールを使う企業が増えている。そのようなツールを使えば、たとえば、米国の場合、最も一般的な5つのコアスキル（HTML5、AngularJSなど）を持つデータサイエンスやビジネスインテリジェンスの専門家の基本給の中央値は12万ドルだとわかる。必須スキルとしてC++を追加したら13万5000ドルにアップすることもわかる。

このようなツールは企業と個人の両方にとって重要だ。報酬（人件費）が求めているスキルに応じて決まることを担保するとともに、個人のスキル習得や能力開発にかかわる意思決定に役立つ情報を提供することができるからだ。

この章のまとめ

新しいワークOSは、仕事と個人を解体することで、フルタイム雇用を超えるさまざまな方法で働く機会を個人に提供する。フルタイムの従業員にも、会社への貢献の方法と報酬について、より多くの選択肢と流動性が与えられる。

仕事と個人の固定的関係を改めなければ、オルタナティブな就労形態を導入しようとしても、フ

対価の要素	伝統的なワークOS	新しいワークOS
学習と能力開発	標準的なキャリアパスを想定し，その線上での将来に備えることに重点が置かれる．幅広い学習リソースはあるものの，細かいスキルや能力のレベルでの対応は限られている．	労働者はスキルやタスクレベルの労働需給や市場価値について，企業の内外から継続的な情報や通知を受け取る．分解されたタスクとスキルに応じた学習リソースがあり，不足している特定の能力のために重点的に振り向けられる．
労働環境	伝統的に，職務とフルタイム従業員の固定的結びつきが重視され，長期的雇用が前提とされている．年次または長期の目標を設定して活動が行われる．	さまざまな就労形態（フルタイム従業，ギグワーカー，契約社員など）の人材のネットワークで課題を解決しようとする．コラボレーションを重視し，社内ニーズや外部状況の変化に応じて環境を変えつづける．

図表3－1 働くことの対価――新しいOSと古いOSの比較

対価の要素	伝統的なワークOS	新しいワークOS
基本的考え方	重要だが希少なスキルを有する人材を惹きつけ獲得するために，高額の報酬を重視する．報酬は毎年，または長期にわたって設定される．管理のしやすさと公平性担保のために，社内の他の職種との整合性が意識される．	個人ごとの調整や本人の選択を重視して設計される．完了させたタスクの内容とそのタイミングに応じて報酬が支払われる．将来のパフォーマンス向上をめざす継続的なスキル習得を奨励する観点からも調整される．
報酬	基本報酬額はおもに職務の市場価値と連動しており，追加的なスキル習得による増額は限定的である．追加的に支給される業績連動報酬の額は，当人の年間目標の達成状況や会社の収益性など，その時点までの成果を振り返って算定される．	報酬は，成長，スキル習得，潜在能力といった将来を見据えた指標に重点が置かれ，基本報酬と業績連動報酬という区分ではなくトータルに管理される．タスクやプロジェクトの達成に対して成果報酬が与えられることはあるが，金額はタスクやスキルごとに市場価値と連動して決められており，その合計額が成果報酬として支払われる．
福利厚生	福利厚生は全員に一律的に付与される．長期的な雇用関係が前提で，在職期間に応じて増加する．	福利厚生は個別化されており，労働者による短期的な選択を重視して設計される．異なる報酬・給付要素を頻繁に組み替える柔軟性がある（たとえば，現金給与や年金拠出額を減らして医療保障を充実させたり，税制優遇のある教育費支給を増やしたりする．このような個人対応によって，企業は魅力度を高め，熟練労働者を獲得するための競争力を高めることができる）．

ルタイム雇用の従業員を中途半端に置き換え、別のやっかいな問題を引き起こすだけで効果はない。必要なのは、タスクと個人の能力を把握し、タスクを論理的にアレンジして、新しい仕事の進め方を発明するという、実際に役立つアプローチだ。

何度も登場してもらっている大手小売企業の配送センターのケースでは、リーダーが仕事と個人を固定的な関係で捉えているあいだは、店舗従業員が社内ギグワーカーとして配送センターで働くという就労形態を考案することができなかった。だが、仕事をタスクに分解し、個人をスキルと能力に分解したとき、通常の仕事（店舗での販売対応）に配送センターでの仕事（ピッキング、パッキング）を行うためのギグワークを組み合わせることができると気づいた。それこそが、そのとき最も必要な意味のある仕事だったのである。

この章では、仕事をタスクに分解するだけでなく、個人を分解してさまざまなスキルや能力の持ち主として理解することの重要性を強調した。その重要性は、従業員以外の外部人材を活用するさまざまな選択肢を考えるとき、いっそう鮮明になる。

次章では、その点をさらに掘り下げ、当面の仕事に必要な能力だけでなく、それも含んだ個人の全人的能力を開発するための戦略を論じる。

チェックリスト

①従来型のフルタイム雇用ではなく、オルタナティブな就労形態に適したタスクは何か？
②タスクと人材を結びつける最善の方法は何か？（固定型、フロー型、ハイブリッド型）
③オルタナティブな就労形態のうち、どの形態を利用できるか？
④各就労形態は、どのようなタスクに適しているか？
⑤オルタナティブな就労形態の人材を確保するために、人材マネジメント基盤をどのように改革すべきか？

Chapter 4

新しいキャリア開発の視点

学歴と職歴からスキルと能力へ

Deconstructed Workers

学歴・学位で能力を語る時代は終わった

企業や社会は、個人、労働者、潜在的従業員の能力をどのように把握するべきだろう？　伝統的に、企業は従業員の能力を仕事に結びつけて把握しており、ほとんどの人事制度は、その人が入社してやっていけるかどうか、異動して新しい仕事をこなせるかどうかを判断することを中心として組み立てられている。

研修プログラムは、従業員が特定の職務《ジョブ》に就くための準備をすることに重点が置かれている。人材管理システムには、個人がこれまで就いてきた職務と職位《タイトル》が記録されており、それを見れば個人の学歴と職歴がわかる。

一方、学校などの教育機関は伝統的に、授与する学位によって学生が何を学んだかを示し、無事に単位を取って修了したコースや専攻を記録に残している。

伝統的なワークOSは、これらの記録を組み合わせて、ある職務に必要な一連の資格を列挙し、それにきれいに当てはまる学位や職務経験を持つ候補者を探し出す。いずれかの点で条件を満たしていない候補者はそこで排除される。仕事と個人のこのような捉え方は、ここまでの議論でもわかるように、機敏さが求められる環境のなかでは企業の足をひっぱることになる。

第1に、個人の資格を学位や過去の職歴で語ろうとすると、それらと無関係な能力が見えなくなってしまう。

本書の冒頭で紹介した、小売店のレジを自動化するという話を思い出してほしい（34ページ参照）。レジを自動化すると、レジ係を解雇しなければならないと考えがちだが、実際には、レジ係は新しい仕事に必要な隣接能力を持っていて、その仕事に就く資格を一部有していることが多い。職務と個人の組み合わせを変更できないまとまりとみなす伝統的なワークＯＳでは、レジ係が持つ隣接能力に気づくことはできない。

企業にとっては、従業員一人ひとりの〝まるごと全体〟を見ることが大切で、スキルや能力のすべてを把握するシステムを整える必要がある。どんな職務に就いている従業員にも、その職務では使われていない能力があり、仕事が変われば、眠っているその能力が意味を持つことになるかもしれない。

第2に、伝統的なワークＯＳは、個人にその仕事をする能力があるかどうかについて、近視眼的な見方しかできない傾向がある。

労働力不足や変化の激しい時代には、「彼はこの仕事をするのに十分な資格を持っているか？」ではなく、「必要な資格をほぼ備えているのはだれか、あと何の資格を足せば十分か？」というのが正しい問いになる。必要な資格をほぼ持っている個人を特定するには、個人を学位や職歴で表すのではなく、一連のスキルと能力の保有者として見ることのできる新しいワークＯＳが必要である。

ニューカラーの時代

学位や職務経験をスキルや能力に分解することは、ビジネスの世界でも政治の世界でも、人材不足に対処するための最も重要な取り組みになっている。

IBMの前CEOであるジニー・ロメッティは、2017年の採用を考えている時点で、このアプローチの断固たる支持者だった。ロメッティは、これからは伝統的なブルーカラーでもホワイトカラーでもない、「ニューカラーの時代」だと示唆した。米国だけで50万件以上のハイテク関連の雇用があるが、*1 ロメッティはUSAトゥデイのコラムで、そのすべてが大卒の人材を必要としているわけではないと説明した。

「IBMの多くの拠点では、従業員の3分の1が4年制の学位を持っていません。重要なことは、従業員が意味のあるスキルを持っていること、そして多くの場合、そのスキルを職業訓練によって獲得しているということです」。産業が変化するにつれ、新しいスキルを必要とする仕事が生まれ、そのためには教育、トレーニング、採用に対する新しいアプローチが必要になる」とロメッティは述べている。*2

新しいアプローチとは何か？　ロメッティが右の発言をした直後の2017年、IBMは6000人の従業員を採用する予定だったが、その多くは従来とは違う経歴の人びとだった。人材担当副社長ジョアナ・デーリーは、「米国で採用する人材の約15％は4年制大学を卒業していない」と語る。「候補者の幅を広げることでスキルギャップを埋める機会がある」[*3]。さらにIBMは、より多くの米国人が「ニューカラーのキャリア機会」を得られるように、全米のコミュニティカレッジと提携することを発表した[*4]。正式な学士号を持たない人には、実地経験と関連する職業訓練クラスへの入学を求める、とデイリーは述べている。

新しい雇用思想

2020年末には、さらに多くの企業が公式にこのアプローチを認めていた。たとえば、アスペン研究所のサイバーセキュリティ・グループは、16の企業が以下の原則に基づいてサイバーセキュリティとハイテク関連の雇用を拡大することを約束したと発表した。

- 候補者パイプラインの間口を広げる。たとえば、4年制大学を卒業していない応募者を受け付けたり、ジェンダーに対する偏見を排した職務内容で採用活動を行うなど。
- 応募者の意欲と中核的要件に重点を置いた求人を行うことで、労働市場の活性化をめざす。過剰なスペックを求めない。
- 従業員や求職者が理解しやすく、利用しやすいキャリアパスを用意する。その際、「サイバーセキュリティ教育のための国家イニシアチブ」（NICE）が提示している、サイバーセキュリティ人材要綱のようなモデルを参考にする[*5]。

ラピッドセブン（Rapid7）のCEOであるコーリー・トーマスは、次のように述べている。「私たちの業界では、サイバーセキュリティ人材の不足について語るとき、よく〝人材不足〟という言葉を使うが、これは誤解を招く恐れがある。何百万人もの米国人が、業界が求める条件をはるかに超えて、セキュリティ分野で活躍できる才能を持っている。しかし、それを知らない人が多い。ラピッドセブンは、知られていない才能の持ち主たちと連携して、彼らがこの分野で発揮できる可能性を人びとに伝えていく[*6]」

もっとも、現実はこのコメントほど単純ではない。伝統的なワークOSで動いている企業でも、従業員の職務経歴だけでなく、仕事の能力（スキル、コンピテンシー）を詳しく追跡していることは少なくない。

教育機関でも教育の分解が進み、働きながら学ぶ学生に「累積可能な資格証明《スタッカブル・クレデンシャル》」を与えるようになっている。大学に継続して在籍しなくても、断続的にでも学びつづければ学位が取得できるというものだ。米国労働省はこれを、「時間をかけて蓄積できる連続性を有する資格であって、個人に新たなキャリアパスをもたらし、あるいはキャリアを上方移動させる資格」と定義している。[*7]つまり、分割されて与えられ、再構築されることで有効な資格となり、資格保有者が高収入の仕事に就けるキャリアパスを開くものと言うことができる。

累積可能な資格証明

企業と個人が分解されたスキルや能力に基づいて動き始めると、経営者や学生が教育機関（4年制大学、コミュニティカレッジ、資格認定機関など）を見る目は厳しくなる。

彼らは教育機関に対し、学習内容が詳しくわかるように、学位や卒業証書をコースや授業に分解した履修証明を発行することを要求しはじめる。流動的な労働市場に対応しやすくするためだ。近年、そのような方向で多くの実験や取り組みが行われているが、最もわかりやすい例が累積可能な資格証明である。

コロンビア大学コミュニティカレッジ研究センターのトーマス・ベイリーとクライブ・ベルフィールドは、このような取り組みについて、高等教育において修了証書が中心的な役割を果たしていることにともなう潜在的な問題に対する1つの対応策だと述べている。[*8]

累積可能な資格証明は、大学を中退したりフルタイムで働く必要が生じた学生に、労働市場で有効な、短期で取得できる資格を与えることができる。その後、学生はふたたび大学（元の大学でもいいし別の大学でもよい）に戻り、以前の単位に追加するかたちで、より高い学位取得に向けて努力をつづけることができる。たとえば、まず会計事務の資格取得をめざし、次に給与計算やビジネスアシスタントをめざすプログラムに参加し、最終的に経理の準学士号《アソシエイト・ディグリー》を取得することもできる。

ベイリーらの報告には、医療保険や医学記録転写士の修了証書を取得し、その後、それをもとに科学の準学士号を取得し、医療技術者としてのキャリアを積んだ学生の例が紹介されている。このような累積可能な資格証明は、比較的少ない単位数で市場性のある資格を取得できる利点があり、それを足がかりにして高いレベルの学位や複雑なスキルにつなげていける可能性がある。

「家が貧しい学生や、家族のなかで初めて大学に進んだというような学生は、大学での成功を阻む障害にぶつかることが多いが、累積可能な資格証明によって、そうした障害を克服することができる。短期間で取得でき、時間をかけて蓄積できるという性質から、彼らが受ける恩恵は小さくない」とベイリーらは結論づけている。[*9]

米国技能連合《ナショナル・スキルズ・コーリション》は、高品質の非学位修了証書《ノンディグリー・クレデンシャル》を採用しようとする6州をサポートするために「中等教育後履修証明推進政策協会」を立ち上げた。そのような修了証書には、価値について透明性のある証拠があること、雇用者のニーズを満たす内容であること、公開の場で主要な利害関係者の意見が聴取されたうえで設定されていること、学生自身が必要な情報を知らされたうえで教育と就業のゴールを自己決定できることなどが必須とされている。以下は合意されている主要な基準の一部である。[*10]

●その修了証書で実際に就業機会が得られることについて、相当程度の証拠があること。

●学生が獲得した能力を、たんに出席時間や単位の要件を満たせば得られる修了証書によって示すのではなく、本人が実際に示せること。
●修了証書取得後に雇用された、あるいは賃金が増えた、という証拠があること。
●求人への応募条件として短期の訓練が必要な場合、それを修了したものと認められるだけの累積可能性があること。

こうした制度を普及・統合させるために必要な政策課題については第7章で論じる。本章では、仕事と個人の分解が教育機関におよぼす直接的な影響を示す一例として、こうした取り組みを紹介する。新しいワークOSは、企業が急速な環境変化、自動化、オルタナティブな就労形態に対応するのに必要だが、教育と仕事を結びつけるためにも必要である。

スキルや能力を語る共通言語

こうした取り組みの底流には、仕事をタスクに分解するのと同じような、個人の能力を細かく分解することに対するニーズがある。しかし、ほとんどの取り組みは個々の企業や学校のなかで完結しており、外部との連携という面では不十分だ。新しいワークOSは、組織の壁を越えて通用する共通言語によって、個人の能力をきめ細かく記述するシステムを必要としている。

たとえば、ある企業が、売上高、現金、減価償却について、独自の定義を採用したらどうだろう。社内に限ればそれでもお金に関わる正しい意思決定ができるかもしれないが、金融市場はその会社との取り引きを拒否するだろうし、銀行はその会社と他社のあいだでお金を移動させることができなくなる。このようなコミュニケーション不全を防ぎ、組織の境界を越えてお金を動かすことを可能にするのが、会計という共通言語だ。

新しいワークOSは、増加する一方の組織間を移動する個人、あるいはまったく組織に属さない個人をサポートするものに進化している。シーメンスはディズニーのマーケティング担当者を借りて、子ども用補聴器のマーケティングを行った。フリーランス・ワーカーのためのさまざまなプラットフォームは、ロゴデザインからソフトウェア開発、ドキュメンタリー映像制作まで、さまざまなプロジェクトに何十万人ものフリーランスを供給している。しかし、彼らは発注先企業の従業員にはならないので、企業の人材管理システムには載らない。

企業が共通の言語なしにお金のやり取りができないのと同じように、共通の言語なしに個人の働きを労働市場で取り引きすることは容易ではない。用語が不正確だったり、互換性がなかったりする場合、労働者はプロジェクト間や組織間、あるいは同一企業内のポジション間でさえ、効率的に移動することができない。

軍隊の用語で仕事を語ると……

共通言語の不在を強く感じさせられるのが、仕事を語るときの軍隊の用語だ。軍隊にはたくさんの職務があるが、それを語る軍隊の用語が民間の用語と一致しない。ウォルマートからスターバックス、米国政府まで、さまざまな組織が退役軍人を雇いたいと考えているが、軍隊で使われている仕事に関する言葉は民間企業の仕事にはうまく当てはまらない。

労働省のサイトには、仕事に関する軍の用語と民間の用語を橋渡しする軍関係職務要覧《ミリタリー・オキュペイショナル・スペシャルティーズ》（MOS）というページがある。[*11] ドロップダウンメニューで空軍を選び、「アナリスト」で検索すると、表示されるたくさんの職種のなかには「通訳・翻訳」というものまである。「リーダー」で検索すると、「建築およびエンジニアリング・マネジャー」を含むリストも表示される。

連邦政府の採用担当者が、民間で活かせそうな軍の職種のリストを見ようとして、「会計・予算管理グループ」という職務ファミリーや「監査」を選ぶと、「会計監査役《コントローラー》」とか「事務下士官《ヨーマン》」といった職種がヒットする。

事務下士官とは何かと調べると、沿岸警備隊では「キャリアアップ、資格、報奨制度、退職金、退役軍人恩給など、さまざまな質問について相談に乗り、情報を提供する」と説明されているのに対し、海軍では純粋に事務管理に限定される幅広い業務が列挙されている。２つの軍のあいだで事務下士官の内容が異なるだけでなく、それぞれの職務記述書を読んでも、どちらの事務下士官が民間の監査業務を行えそうか、よくわからない。

組織の境界を越えて「能力」を語る

シーメンスがディズニーの従業員の協力を得て子ども用補聴器を販売したときのように、他の組織から人材を借りるとき、個人の資格や能力については、個人が所属する組織の言語に大きく依存することになる。代理店やコンサルティング会社から人材を調達する場合も、その人に何ができるかは、相手の言語に頼ることになる。多くの場合、組織が違えば、沿岸警備隊と海軍がそうであるように、同じ言葉が違う仕事を意味することがある。

しかし、そんな状況に変化が起こりつつある。ＩＢＭのグローバル・ワークフォース・イニシアティブは、グローバルなユニット間やプロジェクト間で人材を自由に移動させることをめざしている。そのため、「プロジェクトマネジャー」のようなポジションが地域によって違う言葉で定義されることがないよう、ＩＢＭのグローバルリーダーは全社共通のスキル分類に従うことが求められている。

ＩＢＭは、すべてのユニットに、約１００種類の「役割」のうえに体系づけられた共通言語を採用することを求めている。人材供給面で関係のある他社にも同じ言語を採用させ、それらとＩＢＭの結びつきを密接なものにした。どんな仕事をする人材が必要なのか、候補者はどんな人材なのかについて、両者が共通の言葉で話せるようになったことで、人材の見きわめが改善され、巨額の節約につながった。

これは管理上の些細な問題ではない。もし仕事を語る適切な言語がなければ、外部の人材を使って仕事をしたいとき、費用がかかりすぎたり、最適化の機会を逃したりすることになる。

リンクトインを使って従業員の経験と能力を記録している企業もある。社内の人間にしか見られないシステムでプロフィールを更新するより、全従業員にリンクトインを最新の状態に保つことを求めるほうが、はるかにモチベーションが高まることに目を付けた方法である。

世界的な失業率やスキル不足を減らすための政策をめぐる論議では、しばしば質の良い雇用を増やすことに焦点が当てられるが、重要な解決策は、雇用を超えたところにある〝良い仕事〟をつくることなのかもしれない。そのためには、個人の資格が組織の境界を越えて持ち運び《トランスポータブル》できる言葉で記録される必要がある。

世界経済フォーラムは、労働者を表現する解像度の高い共通言語としてスキルを採用した。[*12] スキルは能力とは違うが、労働者や仕事の要件をスキルという共通言語に置き換えることは、労働者を職務経験や学位ではなく能力という観点から捉えようとする新しいワークOSにとって重要である。

スキルと職業選択に関する公的研究

米国連邦準備制度（FRB）のフィラデルフィア地区連銀とクリーブランド地区連銀は、低賃金の職業（たとえばペンシルベニア州フィラデルフィアでのカウンター販売職〔対面で修理、レンタル、サービスの注文に対応する仕事〕）から高賃金の職業（たとえばコロラド州デンバーでの営業職〔卸売業者や製造業者での専門的知識を要する販売を行う仕事〕）に、転居をともなう転職をしようとする人がたどる道筋を共同で研究し、その全容を示した。[*13]

この分析は、求人情報に記載されている職務名や学位要件ではなく、スキルに着目して行われた。低賃金職と高賃金職のあいだで重複しているスキルは何か、低賃金職で働く人がどのスキルを追加すれば高賃金職に求められているスキルを満たせるかを推定している。そして、そのスキルを身につける方法も示されている。

この研究から生まれたのが「職業移動可能性《オキュペイショナル・モビリティ》エクスプローラー」という使いやすいオンライン・ツールだ。研究結果が報告されているだけでなく、自分の職業や居住地から、より賃金の高い職業や居住地に移動するための方法を調べることができる。[*14]

世界経済フォーラムは、労働者の5人に1人が消費財産業に従事していることに着目し、ユニリーバとウォルマートと共同で研究を行った。労働供給が需要を上回り、自動化によって代替される可能性が高い職業（機械オペレーターなど）と、労働需要が供給を上回り、自動化によって代替される可能性が低い職業（検査技師や医療技術者など）のスキルを比較した。

その結果、労働者は自分のスキルをかなり過小評価していることがわかった。ＡＩ評価によって、平均すると、労働者が持っているスキルは本人が自覚しているスキルのじつに3倍もあることが判明したのである。[*15]

このような取り組みをさらに進めるためには、仕事をタスクに分解し、労働者をスキルと能力に分解することが不可欠だが、その傾向は、仕事のエコシステムが進化するにつれてさらに一般化していくだろう（公共政策がどのようにこの流れをサポートできるかを第7章で議論する）。

仕事を要素に分解せず、職務の名称だけで把握しようとすると、あるはずのものが見えなくなる。同じように、人間の能力を過去の職務経験や学歴によって測ろうとすると、個人は意味のある方針に基づいた能力開発に取り組めなくなり、会社は仕事と個人をダイナミックかつ正確に結びつけることができなくなる。

個人をスキルや能力で捉え、仕事をタスクやプロジェクトで捉えることで、人と仕事の一対一の固定的関係を超えて、スキルとタスクの多対多の関係が可能になり、最終的には労働市場の効率が向上し、状況に対応する感度が高まる。

スキルとタスクのマッチング――大手小売企業のケース

もういちど本書に何度も登場する小売企業に戻り、この会社が、作業者のさまざまなスキルや能力をどのように仕事にマッチングさせたかを見てみよう（69・90・100・125ページ参照）。

図表4―1は、自動化とギグワークを導入した結果、パッカーの役割がどう変わったかを示している。また、追加された作業と見直された作業があったことにより、スキルプロファイルがどう変わったかも示している。

「仕事」の括りの上から5項目までは、新しいワークOSが導入されたことによって実施方法が変わったタスクを示している。

前章までで述べたように、多くのタスクは自動化されたし、梱包容器のピッキングと組み立てはギグワーカーが行うことになった。従来の業務の一部がなくなったパッカーは、新しいタスクを引き受ける余裕ができた。それにはギグワーカーの指導という新たに生まれたタスクや、それまで倉庫作業員が行っていたタスク（梱包済み容器を取り出し、スキャンし、正しい出荷場所に移動させる）も含まれる。

新たなタスクが加わったことで、新しいスキルも求められるようになった。それが図の「スキル」の括りの下2項目だ。仕事と仕事に必要なスキルの対応をはっきり理解するためには、この小売企業が行ったような分解が不可欠だ。分解せず、仕事と人をかたまりのまま扱ったのでは、そうした対応は見えず、何から手をつければいいのかもわからない。

新しいスキルのための従業員教育

この小売企業の場合、仕事が自動化やギグワークに移管された従業員も、これまでと同じスキル

図表4－1　労働者のスキルを分解して仕事とマッチングさせる（某大手小売業企業の例）

仕事

変更・発展
- 梱包容器の材料のピッキングと組み立て.
- 梱包容器を梱包作業場所に移動させる.
- バルクコンテナからラベルの付いた製品を取り出す.
- 製品を処理する.
- 識別された梱包容器に製品を挿入・梱包する.

変更なし
- 製品を追加するために空きスペースを最大化したり, 製品がダメージを受けたりしないようにするために, 容器内の製品のおさまりをすばやく調整し再度梱包する.

新規追加
- 梱包容器のピッキングと組み立てについてギグワーカーを訓練する.
- 梱包された容器を取り出す.
- 梱包容器をスキャンし, デバイスの指示と決められたプロセスに正確に従って作業する.
- 梱包容器を正しい出荷場所に移動させる.

スキル

変更なし
- 勤務中 30 ポンドまでの商品を持ち上げたり運んだりすることができる.
- スケジュール通りに仕事を進め, 時間内に仕事を終えることができる.
- 決められた手順で効率的・効果的に作業することができる.
- 細部に注意を払うことができる（製品を正しい容器に適切に収める）.

新規追加
- スキャナーに表示された指示に確実に従うことができる.
- ギグワーカーを効果的にトレーニングするためのコミュニケーションとティーチング・スキルがある.

を使う別の仕事に移ったので、スキル自体が陳腐化することはなかったし、新たな専門的スキルを身につけることもできた。

たとえば、スキャナーを操作し、その指示に従うために、どこの何を読み取るかを知り、表示された信号の意味を理解するスキルが必要になった。また、ギグワーカーを訓練するために、業務指導、効果的なコミュニケーションの原則、成人学習の原則など、複雑な知識も必要になった。彼らは、新しい仕事に必要な技術的知識の一部は前から持っていたが（以前の仕事でも必要だった）、コミュニケーションや教育のスキルは、新しい役割のために新たに必要になったものだ。

必要なスキルが具体的に把握できたので、この会社は、自社の教育用リソースを活用して、不足しているスキルを補強することにした。同社が使った学習リソースには以下のようなものがある。

- ●社内のオンライン学習リソース
- ●社内で行う対面式トレーニング
- ●スマートフォンに配信される、1回ずつは短時間で修了可能なデジタル教材
- ●VR（仮想現実）やAR（拡張現実）のシミュレーション
- ●外部サービスのサブスクリプション利用（公開オンライン講座、学習プラットフォームなど）

新しいOSに従う働き方が浸透していくと、一般的に企業も個人も、教育を提供する民間サービ

スに対し、先に述べた累積可能な資格証明のような、分割された教育を求めるようになる。そのあたりのことは本章の最後と第7章で改めて述べる。

隣接スキルを正しく判定する

この小売企業は当初、伝統的なワークOSのまま新しいテクノロジーを導入しようとして、新たな仕事（機械のメンテナンスと事故対応担当）を追加する事態に陥った（その経緯は第2章で説明した）。次に、ギグワーカーを導入することを決め、パッカーの仕事の進め方を改めて、代替される仕事、そのまま残る仕事、新たに追加される仕事を整理した（第3章）。

これによってこの企業は、新しい仕事に臨むピッカーのニーズに対応できるようになった。彼らに必要なスキルの多くは以前と変わらなかったが、ギグワーカーの指導はそうではない。ただ、ピッカーにとって梱包用部材のピッキングと組み立てはお手の物だったし、ギグワーカーとピッカーの持ち場は場所的にも近かったので、ピッカーに指導を担当させるのが自然だった。

ピッカーは新しいタスクのほとんどを難なくこなした。モバイルスキャナーの操作方法もすぐに覚え、その指示に従うことができた。ピッカーが持っていた隣接スキルは、このタスクとの相性が良いこともわかった。

だがギグワーカーの指導には苦労した。コミュニケーション能力、プレゼンテーション能力、共感能力などのスキルがなかったからだ。当初、指導に要するスキルは実際の作業（ピッキングと組み立て）能力に隣接していると考えられていたが、まったくそうではないことがわかった。指導というタスクは、スキルの隣接性をしっかり考慮して決めたわけではなく、おもに便宜上の理由による決定だったのである。

もし、この会社が梱包容器を扱う仕事をフルタイム従業員の仕事に限定していたら、パッカーの仕事は梱包容器を組み立てることだけに限定され、新人の指導はたまに新規採用があったときに行うぐらいだっただろう。しかしギグワーカーが導入され、毎日のように初めての人がやってきたので、頻繁に指導を行わなくてはならなかった。

だとしても、業務の性質と経済性に鑑み、会社はギグワーカーを使うことが理にかなっていると判断した。訓練をシニアパッカーの仕事と位置づけて、責任の重い職務（オペレーション・コーディネーターやマネジャーなど）に就くための準備段階という意味を持たせた。コミュニケーションとコーチングの重要度が増すため、会社はそうしたスキルを身につけるためのオンライン・トレーニングも開発した。

多様な就労形態とキャリア

典型的なワークOSでは、職務はレベルや分野に従って整然と分類されている。たとえば、「財務」のなかに「会計」という職務ファミリーがあり、そのファミリーのなかには、新任の会計事務員から最高会計責任者まで、仕事の複雑さと求められるスキルが異なる複数のレベルが存在する。

このようにレベル分けされた職務と報酬の仕組みは、ある職務ファミリーのなかでの昇進が安定的で予測可能なかたちで発生していた時代に設計・構築されたものである。働いている全員がフルタイムの従業員であり、仕事の内容も部署名や肩書きで理解できたような時代だ。

しかし新しいワークOSは、分解されたスキルとタスクのあいだの「多対多」の関係を前提としており、スキルはギグ、タスク、任務、従来からある職務など、さまざまな就労形態に対応する。新しいワークOSにおいて、人材が仕事につながる3つの方法を思い出していただきたい（46・128ページの再掲）。

- 固定型人材（フルタイムで雇用されて固定的な役割を担う人材）
- フロー型人材（タスクや任務、プロジェクトごとに離合集散を繰り返す人材）
- ハイブリッド型人材（複合的な役割をある程度固定的に担う人材）

この小売企業は、これら3つの選択肢をすべて使っていた。たとえば、フルタイム従業員がパッカーの役割を固定的に担った。ギグワーカーがさまざまな経路で入ってきて、梱包容器のピッキングと組み立ての仕事に従事した。シニアパッカーはハイブリッドな役割を担い、パッカーとしての従来の仕事をしながら、新しく入ってきたギグワーカーを教育するという付加的な仕事もこなすことになった。以前は、これらすべての仕事をフルタイム従業員が固定的な職務として行っていた。

新しいキャリア体系

この新しいワークOSによって、この会社ではキャリアの体系を見直す必要が生じ、新たな体系が**図表4-2**のようにまとめられた。

配送センターでのキャリアは、いまでは分解されたスキルで定義されている。これは一般的にスパン・オブ・コントロール〔部下の数や管理領域〕や経験の蓄積を反映して定められる伝統的な階層とは対照的だ。

図に示すように、個人は反復的、物理的、かつ独立した仕事（スケジュールに従う、指示に従う、製品を物理的に動かすといったスキルが必要な作業）から、より可変的、頭脳的、かつインタラクティブな仕事（創造的問題解決、分析、コミュニケーションのスキルが必要な仕事）へと進んでいく。

最も反復的、物理的、独立的な作業は、ギグワーカーが行う。ギグワーカーは、スキルや能力に応じて、パッカーや倉庫作業員といったフルタイムの役割に進むことができる。シニアパッカーは、パッカーとほぼ同じ仕事内容だが、ギグワーカーを教育する役割が加わる。この仕事は、コミュニケーション能力と感情的知性を必要とするため、オペレーション・コーディネーターへと進むための経験を積む理想的な経験となる。

図表4―2 キャリアパスとスキル向上のイメージ（某大手小売企業の例）

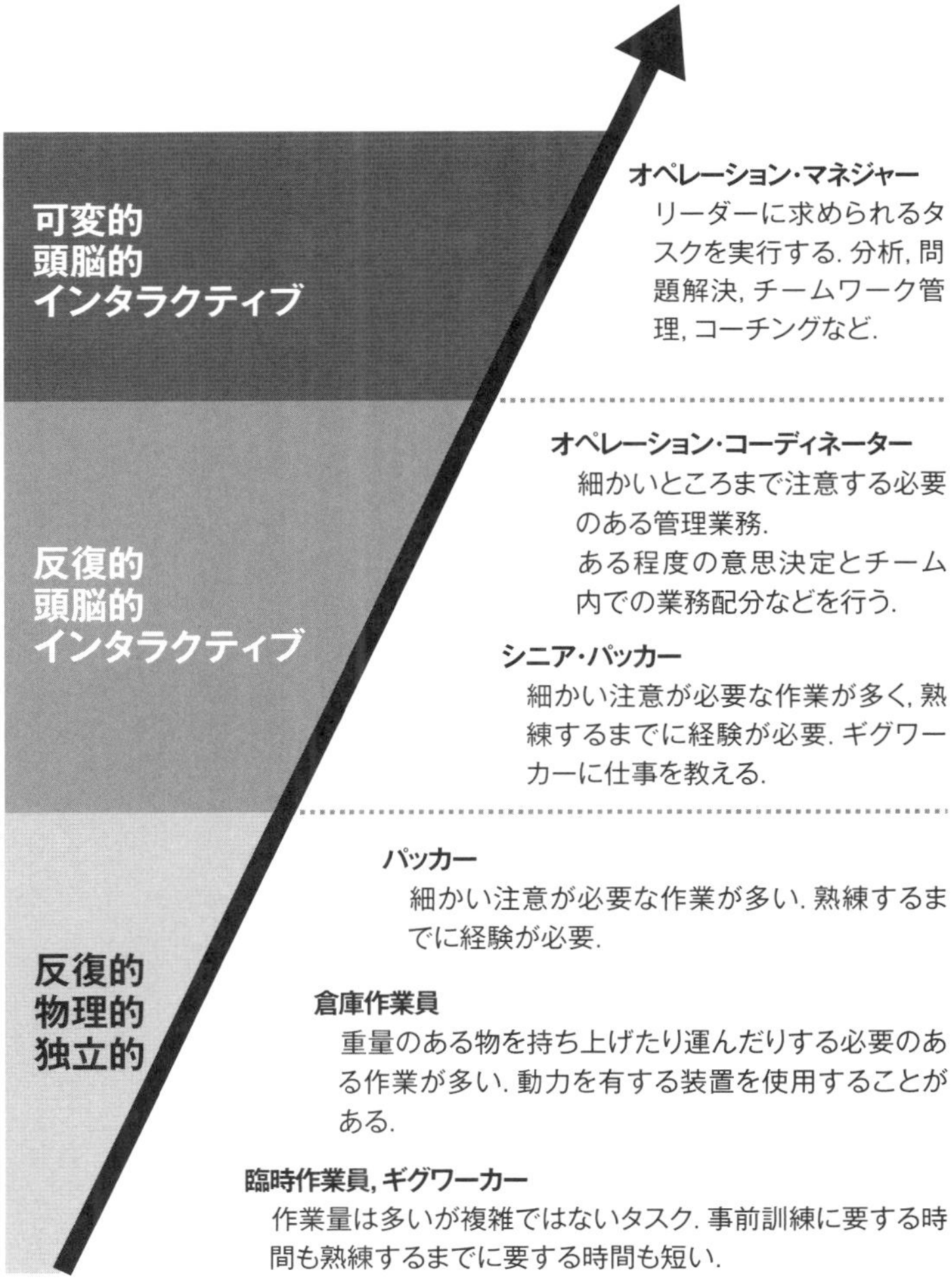
可変的
頭脳的
インタラクティブ
オペレーション・マネジャー
リーダーに求められるタスクを実行する. 分析, 問題解決, チームワーク管理, コーチングなど.
反復的
頭脳的
インタラクティブ
オペレーション・コーディネーター
細かいところまで注意する必要のある管理業務.
ある程度の意思決定とチーム内での業務配分などを行う.
シニア・パッカー
細かい注意が必要な作業が多く, 熟練するまでに経験が必要. ギグワーカーに仕事を教える.
反復的
物理的
独立的
パッカー
細かい注意が必要な作業が多い. 熟練するまでに経験が必要.
倉庫作業員
重量のある物を持ち上げたり運んだりする必要のある作業が多い. 動力を有する装置を使用することがある.
臨時作業員, ギグワーカー
作業量は多いが複雑ではないタスク. 事前訓練に要する時間も熟練するまでに要する時間も短い.

オペレーション・マネジャーは、可変的、頭脳的、インタラクティブな作業が中心で、コミュニケーション能力、分析能力、意思決定能力が重視され、コーチングやフィードバック、クリティカル・シンキング、プランニング、コミュニケーションといったスキルが求められる。

このように、必要なスキルの内容によってキャリア体系が明確に定義されるため、昇進や昇格が経験年数、パフォーマンス基準の順守（処理量や生産量など）、勤怠状況などで判断されることが多かった従来の方式に比べ、配送センターのキャリアアップはより論理的で透明性の高いものとなった。

AIを活用してスキルの活用を進める

スキルとタスクをマッチングさせるというアプローチは、必要な人材を確保するために特に重要で、多くの企業のあいだでトレンドとなっている社内人材マーケットプレイスの取り組みを後押ししている。

社内人材マーケットプレイスがあれば、組織のどこに属している人でも、さまざまな業務にさまざまなかたちで携わることができる。これまでのように過去の職務経験や専門性に応じて人を動かすのではなく、個人のスキルや能力をプロジェクトや任務に、そしてフルタイムやパートタイムなどさまざまな就労形態にマッチングさせることができる。

シスコ（Cisco）の「ワンカンパニー・マルチキャリア」アプローチはその一例だ。同社は、従業員が持つさまざまなスキルを、〝本業〟で必要かどうかにかかわらず特定し、人材マーケットプレイスで公開する。それによって、従業員は短期勝負の「ストレッチ・アサインメント」や、自分の興味に沿った長期的なローテーション・アサインメントを見つけることができる。[*16]

分解されたスキルや業務を反映するマーケットプレイスをつくるには相当な労力が必要だが、AIがそれを助けてくれる。たとえばエンパス（Empath）は、機械学習アルゴリズムとウェブ・スクレイピング機能〔ウェブサイトから特定の情報を自動的に抽出する技術〕を使って、さまざまなタスクを行うのに必要なスキルを推論する。[*17] 人材管理システムに登録されている各労働者の測定済みのスキルから、測定されていないスキルを推測することもできる。スキルの隣接パターンから、従業員が持っているかもしれない隠れたスキルを予測することもできる。さらに、推測されるタスクの要件と推測される個人の能力をマッチングさせて、足りない能力を特定することもできる。

本書に何度も登場している大手小売企業は、エンパスを使ってパッカーのスキルを推測し、自動化によって変更された役割や新たに設けられた役割を果たすのに必要なスキルとのギャップを特定し、それをパッカーに伝えた。

この小売企業は当初、ギグワーカーを従業員に限定する実験的な取り組みから始めた。一般的に、従業員は本来のフルタイムの仕事に従事しているので、社内人材マーケットプレイスへの参加は、この会社の配送センターのケースのように、メインの職務が許す範囲での「副業《サイドギグ》」として行われることになる。いずれにせよ、このような社内人材マーケットプレイスは、仕事の脱構築に役立つ重要な一歩となる。

この章のまとめ

仕事は分解することによって真に理解できる。同様に、個人は学歴や職務経験や資格によってではなく、スキルや能力に分解することによって真に理解できる。

新しいワークOSは、従業員を数としてではなく、一人の人間として扱う。なぜなら、分解されたスキルの組み合わせには、だれ一人として同じ人はいないからだ。企業は個人のスキルとタスクをマッチングして、客観的で偏りのない人事の意思決定を行うことができる。

本章では、小売企業のケースを使って、新しいワークOSに必要なスキルがどのように定義され、キャリア体系にどのようにまとめられたかを説明した。そのようなスキルベースのキャリア体系は、人材と仕事を結ぶ社内人材マーケットプレイスを実現するためにも不可欠だ。

ここまで、従業員をさまざまな能力を持つ一人の人間として捉える方法、その能力を最大限に発揮させられる仕事と結びつける方法を説明してきた。次章では、どうすれば新しいワークOSを維持し、絶えず改革しつづけることができるかを考えよう。

チェックリスト

①すべてのスキルと能力を棚卸しして、個人をトータルに把握するインサイトを得たか？

②各タスクに必要な能力、そして、それと個人のスキルのあいだにあるギャップを理解しているか？

③刻々と変化するギャップを継続的に把握するためのテクノロジーを確保しているか？

④キャリア体系は、進化するスキル要件を反映しているか？　それとも、たとえば過去の職務経験など、昔ながらの考慮事項を反映するだけのままか？

Chapter 5

仕事の解体と再構築をつづける

プロセス・文化・人材・構造・テクノロジー

Perpetually Reinventing Deconstructed Work

快適さと煩わしさ

新しいワークOSが組織に根づけば、遂行すべきタスクや活動、個人のスキルと能力、オルタナティブな就労形態、自動化が組み合わされ、つねにアップデートされつづける。

アクセンチュアのレポートによると、企業のCEOたちは敏捷性《アジリティ》を3番目に重要な経営課題として挙げている。そのレポートは、企業が急速に変化する世界で競争するために、「HR部門はその姿を根本的に変え、俊敏で応答性の高い労働力《ワークフォース》の上に成り立つ新しいタイプの企業を構築するという重要な役割を果たすようになる」と述べている。[*1] HR部門は、自らの敏捷性を高めるだけではなく、リーダー、労働者、そして人事システム全体を、仕事の未来に備えさせる中心的役割を果たさなくてはならない。

主要な労働経済学者や自動化の研究者たちも、仕事の解体という概念を支持している。たとえば、全米科学アカデミーは、「労働研究のモデルに、現場のタスクやスキルの個別性をもっと反映させれば、労働をめぐるトレンドをさらにきめ細かく把握でき、AIによる自動化の予測を向上させることができるだろう」と指摘している。[*2]

いずれの指摘も、本書の新しいワークOSの議論と似た前提に立っている。いずれも仕事と個人を分解し、再構築し、改革できるワークＯＳが存在することで、はじめて可能となる。ずいぶん大変なことのように聞こえるが、たとえばｉＰｈｏｎｅのような身近なツールを使うとき、じつは私たちはすでにそのような条件のもとで仕事をしている。

必ず来る未来

ワイアード誌の共同創刊者であるケビン・ケリーは、『〈インターネット〉の次に来るもの』(*The Inevitable*)という著書のなかで、12の破壊的な技術力について述べている。[*3] そのうちの１つは「なっていく《ビカミング》」技術で、陳腐化とアップデートをつねに繰り返すものだ。たとえばｉＰｈｏｎｅは、新機種が登場すると市場で熱い注目を集めるが、古いバージョンは劇的に価値を失う。この「なっていく」という市場の性質のために、企業は――そしてそのＨＲ部門は――俊敏であることを求められる。

毎度のことなのでもう驚かなくなったが、ｉＰｈｏｎｅの進化は恒常的なアップグレードの好例だ。わずか10年前、だれが今日の「電話」を想像できただろう。クラウドストレージ、アプリケーション開発者コミュニティ、統合検索、スピード、ＡＩ、ハードウェアの品質と信頼性など、ひとつずつは小さなアップグレードを通じて大きな変化が起こった。

このように、漸進《ぜんしん》的な変化が指数関数的な激変につながるパターンは、いたるところに存在する。事実上すべてのテクノロジーは見えないところで静かにアップグレードしている。アップグレードをうっかり怠ろうものなら、そのテクノロジーはもはや機能しなくなる。

何かをアップグレードしたら（たとえばスマホのOS）、別の何かをアップグレードしなくてはならない（たとえばその上で動くアプリケーション）。結局スマホを買い換えなくてはならなくなる。たとえば、iPhone7以後のモデルにはヘッドフォンジャックがないので、ワイヤレスヘッドフォンが必須だ。それは煩わしく悲しいことでもあるとケリーは言う。コードで繋がれたヘッドホンが好きな人もいるからだ。[*4]だが消費者である私たちは、自分がすでにどれほど恒常的なアップグレードに適応しているかに気づいていない。

仕事の世界でも同じことが言える。個人もリーダーも、古い仕事のルーティンや習慣を絶えずアップデートする必要がある。それが時間の経過とともに指数関数的な違いにつながる。テクノロジーについては、私たちは快適さと煩わしさの両方を感じつつ、止《や》むことのないアップグレードを受け入れながらその恩恵にあずかっている。同様に、リーダーも労働者も、仕事と就労形態の恒常的アップグレードを受け入れなくてはならない。そのためには、仕事を職務で語らず、労働者をフルタイム従業員に限定せず、個人の能力と資格を学位で判断しないワークOSが必要だ。

〝古きよき時代〟には戻れない

かつて固定電話は信頼性が高く、何十年も機能しつづけた。何十年も確実な成果をもたらし続けた古き良き時代の仕事と似ている。90年代にはiPhoneを否定する人が多かった。アプリケーション開発者の大規模なコミュニティが必要なのにそれがなく、コンピューティングパワーとストレージの大規模な改良の見込みもない、というのが理由だった。

同様に今日、絶えず変化する仕事という現実を否定する人もいる。理由は、それを受け入れたら、労働力を提供してくれる組織、労働者、プラットフォームとのつながりが必要だし、クラウドベースの強力なコンピューティングパワー、ストレージ、AIなどが必要になるからである。

しかし、あなたは固定電話を使う時代に戻りたいだろうか？　スマホのアップグレードは決して完璧ではないが、最適化のフレームワークが確立し、人間もAIもそのために動くので、スマホのエコシステムは進化している。仕事のあり方も同じで、進化を避けて通ることはできない。

あなたの組織でも、仕事はその姿を変えつつあるのではないだろうか。仕事が恒常的にアップグレードされるというのは、日々少しずつ仕事が自動化され、就労形態が多様になり、報酬が即時かつ非金銭的なものになり、学習が少しずつネット経由でコミュニティ主導になることだ。

iPhoneが登場してから10年以上たつが、すべての機能を使いこなしている人はいない。仕事の世界も同じことで、今後すべての側面がアップグレードされるわけではない。しかし、システムが恒常的に仕事のアップグレードをサポートするようになれば、先が見通せないなかでの人材確保、配属先がなくなった労働者への対応、サービスとして提供される仕事《ワーク・アズ・ア・サービス》など、さまざまな難題に対するソリューションが見えてくる。

アジャイルな働き方を実現するのは当然ながら大変なことだ。しかし、この十数年、少しずつアップグレードされつづけたことで電話技術にもたらされた指数関数的な進化を見れば、仕事の世界のことも想像しやすくなるのではないだろうか。少しずつ進化したＯＳが今日のｉＰｈｏｎｅユーザーをつくったように、少しずつ進化するワークＯＳが未来の仕事をつくるのだ。

新しいワークＯＳによって、経営者も労働者も、政策立案者も人事担当者も、これから先、快適さと煩わしさの両方を感じつづけることは覚悟しておく必要がある。

新しいワークOSを持続させるための5つの要素

伝統的なワークＯＳは職務と労働者のセットに依存しているため、仕事も個人も更新やアップグレードはそれほど行われない。職務の内容と要件が進化しても、いったん決まった職務と序列がそのまま続き、変化の少ない土台の上にシステムが構築されるという前提は変わらない。

したがって、新しいワークＯＳは大きな機会を提供する一方で、頭痛の種ももたらす。いったんシステムが、分解された仕事と個人の要素に依存するようになったら、それらの要素はもっと絶えず頻繁に、新たな課題を対処するために再構成され、再編成されつづけることになるからだ。働く個人も、タスク、社内のギグプロジェクト、さらには社外のギグワークにさえ手を伸ばしながら、自分で自分の仕事のかたちをつくり始める。

仕事がつねに変化しているなかで、このシステムを維持するのは容易ではない。やるべきことは、仕事の変化に合わせて職務記述書を頻繁に書き換えることではない。職務ありきのシステムで変化に追いつくことはできないからだ。新しいワークOSを維持するためには、システムのゴールを再考し、システムを維持するための十分な調整と統合を維持しながら、絶え間ない進化をサポートするという発想に立つことだ。

新しいワークOSを実行し維持するために、具体的には5つの重要な要素に取り組む必要がある。

- プロセス（活動とワークフロー）
- 文化（コラボレーション、行動規範など）
- 人材《タレント》（スキル、能力など）
- 構造（仕事の体系や組織化）
- 規模感のあるテクノロジー（自動化、実現技術《イネーブリング・テクノロジー》、情報システムなど）

これら各要素への取り組みを支えるのが、最も重要な要素である「リーダーシップ」だ。重要なことに集中し、先見性があり、多様な働き方を調和させることのできるリーダーシップは、新しいワークOSを動かすエンジンだ（リーダーシップについては次章で論じる）。

ワークOSを更新しつづけるための作業

これまで本書に何度も登場している大手小売企業（69・90・100・125・159ページ参照）は、伝統的なワークOSで動いていたときは、典型的な職務ベースの方法で配送センターのさまざまな課題に対処していた。給与や福利厚生を職務と結びつけ、HR部門は従業員とそのニーズのことだけ考えていればよかった。しかし、それでは起きている変化に対応できず、自動化やオルタナティブな就労形態がもたらす機会を捉えることもできなかった。

そこでこの会社は仕事を分解し、配送センターの従業員、ギグワークを行う店舗従業員、そして外部のギグワーカーを投入した。複数のタイプを使ったことで問題は解決したが、会社は仕事の進め方を変え、3つのタイプの労働者間でタスクの割り当てを変更しなくてはならなかった。つまり、つねにモニターし、評価し、調整するためのシステムを導入しなければならなかった。

店舗従業員が社内ギグワーカーとして配送センターの業務を担うことになったため、同社は、彼らの管理とエンゲージメント維持のためのワークプランを作成した。ここでそれを紹介しよう。**図表5－1**は10のタスクを、実施時期（短期、中期、長期）、活動内容の中核的要素（プロセス、文化、人材、構造、テクノロジーの5つ）、そして期待される価値と必要な労力に基づいて分類したものだ。

図表5―1 さまざまなタスクを組織のシステムに統合する

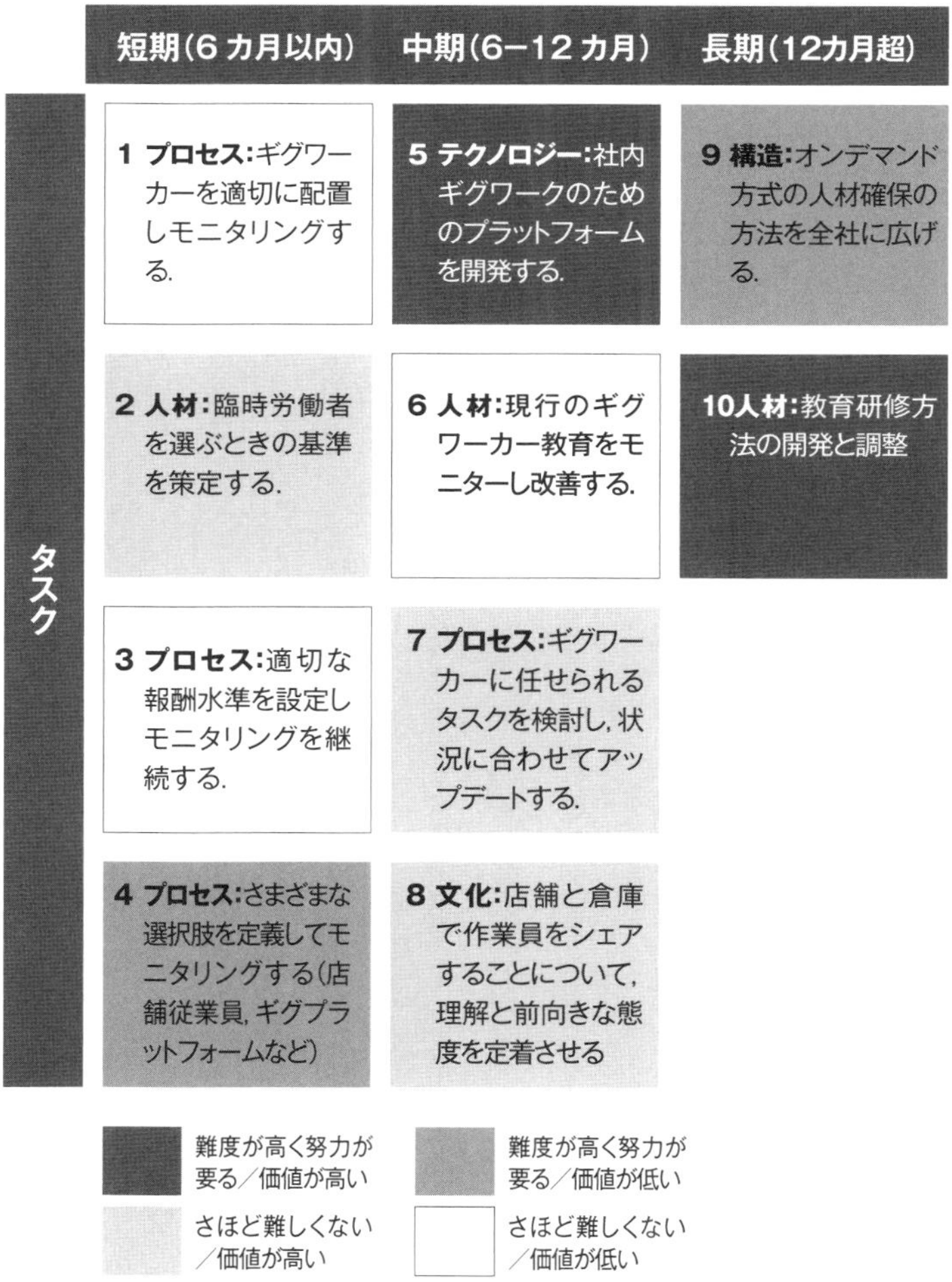

	短期（6カ月以内）	中期（6－12カ月）	長期（12カ月超）
タスク	**1 プロセス:**ギグワーカーを適切に配置しモニタリングする.	**5 テクノロジー:**社内ギグワークのためのプラットフォームを開発する.	**9 構造:**オンデマンド方式の人材確保の方法を全社に広げる.
	2 人材:臨時労働者を選ぶときの基準を策定する.	**6 人材:**現行のギグワーカー教育をモニターし改善する.	**10 人材:**教育研修方法の開発と調整
	3 プロセス:適切な報酬水準を設定しモニタリングを継続する.	**7 プロセス:**ギグワーカーに任せられるタスクを検討し,状況に合わせてアップデートする.	
	4 プロセス:さまざまな選択肢を定義してモニタリングする(店舗従業員,ギグプラットフォームなど)	**8 文化:**店舗と倉庫で作業員をシェアすることについて,理解と前向きな態度を定着させる	

難度が高く努力が要る／価値が高い

難度が高く努力が要る／価値が低い

さほど難しくない／価値が高い

さほど難しくない／価値が低い

短期的な取り組み（6カ月以内）

タスク①は、労働基準に則ってギグワーカーの労働時間を監視し、誤分類によって店舗従業員を不当に扱うことがないようにすることだ。同社は間違いを避けるために、仕事とギグワーカーを管理するアルゴリズムを設計し、経験を重ねながら、その性能と判断の質を改善していった。

タスク②は、ギグワーカーの選考基準の策定と改善だ。従来の職務なら、企業文化になじめるかとか、当該職務全般に対する専門能力といった基準で人を選ぶことが多かったが、ギグワーカーの場合は、短期間で特定のタスクを、同僚と協力して効果的にこなせるかどうかが基準になる。この小売企業は、それまで短期のギグワーカーと通常の従業員を組み合わせた経験がほとんどなかったので、ギグワーカーの実績をふまえながら選考基準を調整した。

タスク③は、報酬水準の決定とモニタリングだ。従業員の報酬はふつう職務に応じて基準が定められ、スキルと比較的ゆるやかに変化する市場動向を反映して決められる。一方、ギグワーカーの報酬は、短期的な視点から、特定のタスクのパフォーマンスと、関連するスキルに応じて決められる。従業員の報酬が決められるのは年に1度かもしれないが、社内ギグワーカーの場合は、動員しやすさの状況や社外のギグ労働市場をにらみながら、毎週あるいは毎日決定されることになるかもしれない。この小売企業は、ギグワークに対し、通常業務の報酬と齟齬を来さない、首尾一貫した透明性のある報酬を決定し、全社に伝える必要があった。同社はギグワークを使った経験がなかったので、やりながら学習に基づいて改善をつづける必要があった。

中期的な取り組み（6―12カ月）

タスク⑤は、店舗従業員をギグワーカーとして倉庫作業に動員するという、この会社にとって初めての試みを支えるプラットフォームを、継続的な開発、拡張、改良によって全社に拡大するというものだ。最終的にはそれを、全社的ワークOSに取り込むことをめざした。

タスク⑦は、配送センターの業務分析を継続し、ギグワーカーをさらに活用する機会を見出すことだ。たとえば、倉庫作業員の仕事を分解して、ギグワーカーを活用できるタスクを見つけ出すことなどが該当する。これは、ギグワーカーの能力に対する理解や、ギグワーカーに対する一般従業員の受け入れ姿勢の深まりとともに進化する継続的なプロセスである。

タスク⑧は、部下が店舗と倉庫の両方で働くことについて、店舗のマネジャーの理解と同意を強化していくことだ。具体的には、それまで違う仕事をしていた人びとが、新しい関係のもとで協力して働くことの意味を理解し、それが企業文化に良い影響を与えるように導くということだ。

長期的な取り組み（12カ月超）

タスク⑨は、全社的なツールを構築して他の部門や機能にも利用を広げ、どこでもタスクレベルで仕事を再構築でき、社内・社外を問わず必要な人材が手際よく仕事に流れ込むプロセスや構造をつくり上げるということだ。全社的にオンデマンド方式の人材確保を可能にし、配送センターで得た教訓を活かして人事や財務などのサポート部門に拡大するといったことだ。

ギグワーカーのインクルージョンと福利厚生

正規雇用されていない作業員の数が増えるにつれ、働く人びとのあいだでエンゲージメントの不一致が生じ始めた。外から来たギグワーカーは、店舗から来た従業員ギグワーカーよりもエンゲージメントが低かった。この小売企業は当初、配送センターで働くフリーランサーをマネージド・サービス・プロバイダー（ＭＳＰ）経由で調達していたが、その後、コストと調達の便利さを考えて、社内プラットフォームを変更して、外部のギグワーカーと就労時間を増やしたい店舗従業員の両方を調達できるようにした。

同社はすぐに、社外のギグワーカーは自社の従業員より不安定な立場にあることに気づいた。そのため、仕事への取り組みに熱が入らず、たとえば離職率や欠勤率も高く、必要な人数を集めるのにも苦労した。ギグワーカーは経済的に不安定で、健康状態や精神状態も悪いことがその原因だということもわかった。ギグワーカーには正規従業員と同じ福利厚生が提供されていなかったが、彼ら自身は自助努力で克服するしかないと感じていた。

経営陣は、このような状況は労働力不足という経営課題であるだけでなく、地域社会に対する責任を果たすという会社の価値観とも一致しないと判断した。状況を変えなくてはならなかった。

そこでこの会社は、外部のギグワーカーについても、柔軟な雇用にも対応して持ち運びできるアカウントを設計し、支払った時給に応じた金額（たとえば1ドルにつき10セント）を追加で支払った。ギグワーカーはこのお金を、退職への備え、医療保険料や医療費の支払い、新しいスキル習得のためのトレーニングに充てることができた。

これによって、この会社は社外のギグワーカーにとってはるかに魅力的な選択肢となり、信頼できる人材を多数確保することができた。費用は増えたが、長期的な持続可能性と収益性は向上した。

人間中心の組織を支える新しいワークOS

コロナ感染の大流行（組織と個人にリモートワークを迫った）とグローバルな社会正義の運動は、企業に労働者――従業員、契約従業員、退職者を含むあらゆる種類の個人――との関係の再考を迫った。企業にとっては、いかに労働者のウェルビーイング（身体的・精神的・社会的に良好な状態）を確保するかが大きな問題になった。

その答えの1つが、柔軟な働き方を認め、個々の労働者が自分に適した方法で会社に貢献できるようにすることだ。極端な話、労働者は報酬や条件を選べるだけでなく、いつ、どこで、どんなスケジュールで働くのも自由ということになるかもしれない。

それは、人を組織に合わせるのではなく、人に合わせて組織をつくるという、人間中心の考え方だ。「組織の再創造」[*5]、「ホラクラシー」[*6]、「ヒューマノクラシー」[*7]といった考え方とも通じる。

明らかに、このような人間中心のアプローチには、仕事を分解する新しいワークＯＳの基盤が必要だ。仕事と個人の固定的つながりに立脚する伝統的なワークＯＳでは、そのような個別対応《パーソナライゼーション》は不可能であり、組織や労働者のニーズや選好の変化に対応するために必要な俊敏性は望むべくもない。

人間中心の働き方改革──グローバル製薬企業のケース

あるグローバル製薬企業のケースが新しいワークＯＳの威力を示している。この会社は以前から、一部の従業員が在宅勤務できるように柔軟な勤務体制を敷き、多様性を受け入れるプログラムを導入していた。しかし、２０２０年に発生したパンデミックと社会正義を求める運動の高まりにより、柔軟で公平な職場を実現するためにもっと多くのことができるはずだと考えるに至った。

この会社が行った改革と、新しいワークＯＳによって可能になった永続的進化を見てみよう。

スケジュールも地域も問わない完全なフレックス勤務

それまで、この会社が提供していたフレックス勤務は限定的だった。リモートワークは月に最大

3日、メインキャンパス以外で勤務している人は対象外、全員に例外なく午前9時から午後5時までの勤務が求められていた。会社はもっと柔軟性を高めるために、在宅勤務の量は無制限、地域は全米のどこでも可能、週40時間の勤務時間と生産性の目標さえ満たせばスケジュールは問わない、という変更を行った。

新しいワークOSは、そのような働き方をどうサポートするのだろう？　違う場所で同じ仕事をしている人に対する報酬はどう決めるのが公平なのだろう？　この製薬会社はスキルの市場価値に基づいて給与を決めたうえで、物価の地域差を考慮して調整を行った。職種ではなくスキルの市場価値に基づいて給与を決定することで、この会社は報酬を個別対応することができた。すべての個人について、職種ごとの市場価格で報酬を決めていたときには考慮されなかったスキルや、既存の職務に当てはまらないために顧みられなかったスキルが認識されることになった。

研究職や製造部門にも広げられたフレックス勤務

2020年以前は、フレックス勤務（どこに住んでもよい、自宅でもサテライト・オフィスでも働ける、別の場所の同僚とでもワークシェアリングできるなど）は、ホワイトカラーの仕事にしか認められていなかったが、会社はそれをラボや製造部門にも拡大することにした（居住地を選べる、研究者は地元の大学の研究施設を借りて働ける、製造部門の従業員は職務やシフトをシェアできるなど）。

これほど柔軟に対応しても製造部門の生産性を低下させないのが新しいワークOSだ。アルゴリズムによって、生産面からの要請と柔軟性を求める作業者の要求をタスクレベルで組み合わせ、作業者ごとに最適なスケジュールを割り出し、その承認・変更・却下の判断が上司に委《ゆだ》ねられた。

多様な働き方を可能にするフレキシブルな就労形態

伝統的なワークOSでは、この会社で働いていたのはフルタイム従業員かパートタイム従業員、もしくは独立業務契約者だけで、カテゴリー間の移動は認められていなかった。そこで、会社はより多くの選択肢（臨時勤務《テンポラリー》、ジョブシェアリング、フリーランス、ギグなど）を提供し、カテゴリー間の移動を容易にすることをめざした。それにより、たとえばフルタイム従業員が一時的にパートタイムのジョブシェアリングに移行したり、退職者がギグプロジェクトを請け負い、有期契約に移行したりすることができるようになった。

このように柔軟性が高まったことで、業務計画にも新たなアプローチが必要になった。また、タスクレベルで人材に求められる要件を計画したり、仕事へのどんな関わり方が求められるようになるかをデータに基づいて予測する必要もあった。シミュレーションモデルによって、想定されるさまざまな就労形態が組織のパフォーマンスと生産性に与える影響も予測した。

組織の壁を越えて広がるインクルージョンの文化

人種的正義を求める運動は、この企業が自社の文化と地域社会への影響を深く考え、あるべき姿を模索するきっかけになった。同社はマイノリティの社員や求職者など、疎外された人びとの目を通して、社会が抱える問題を見つめ直した。

このように自らを反省した同社には、柔軟な働き方を可能にする新しいOSによって恩恵がもたらされた。能力があるのにそれを発揮する機会がなかった人びとにとって、この会社の魅力度が増したのだ。フレキシブルな働き方は、こうした人材プールに適合することが多かった。

多様な人材が増えるにつれ、会社は、さらにインクルーシブな組織になるためにできることが多いと気づいた。さまざまな個人の声に耳を傾け、組織の行動規範や価値観に反映させた。そして、すべての従業員が、いつでも、どこでも、責任をもってその価値観に沿って行動することを誓った。

社会の激しい変化は大きな機会をもたらすが、伝統的なワークOSではそれを活かすことはできない。だが新しいワークOSがあれば、企業は仕事と組織を変化させつづけることができ、生産性をめぐる困難と機会、環境や社会や企業統治の問題に対処することができる。

「仕事の総コスト」を計算する

仕事のコストは、通常のフルタイム雇用者への支払いだけでなく、あらゆる構成要素を計算に入れた総労働コスト（total cost of work：TCoW）として算出しなければならない。当然、あらゆるタイプの就労オプション（従業員、ギグワーカー、外部委託労働など）を含めなくてはならないし、人間の仕事を代替または補強するテクノロジーも含めなくてはならない。[*8]

会計上の扱いの違い（人件費は費用とみなされ、ロボットへの投資は資産とみなされるなど）によって労働コストに関する判断を間違わないように、すべての費用を計算に入れることが重要だ。さまざまなオプション（AI、ロボティクス、アライアンスなど）のために投資する資本総額と、その資本調達コストを掛け合わせて、必要な年間コストを把握する必要がある（図表5－2参照）。

計算に必要なデータはすでに存在しているが、さまざまな部門に散らばっている。従業員データはHR部門、フリーエージェントやベンダーに関するデータは調達部門、アライアンスに関する情報は経営戦略部門、資産扱いとなる自動化テクノロジーに関する情報は財務部門にある。

完璧さを求めるあまり、役に立つ測定が妨げられないようにすることも重要だ。大事なのは規模感と全体的把握であって、緻密な正確さは必ずしも必要ではない。

この章のまとめ

伝統的なワークOSは、職務は変化することなく継続するという前提に立ち、そこに個人を適合させることで成り立っている。くだんの大手小売企業もテクノロジーやギグワーカーを、古い職務

図表5－2 総労働コスト

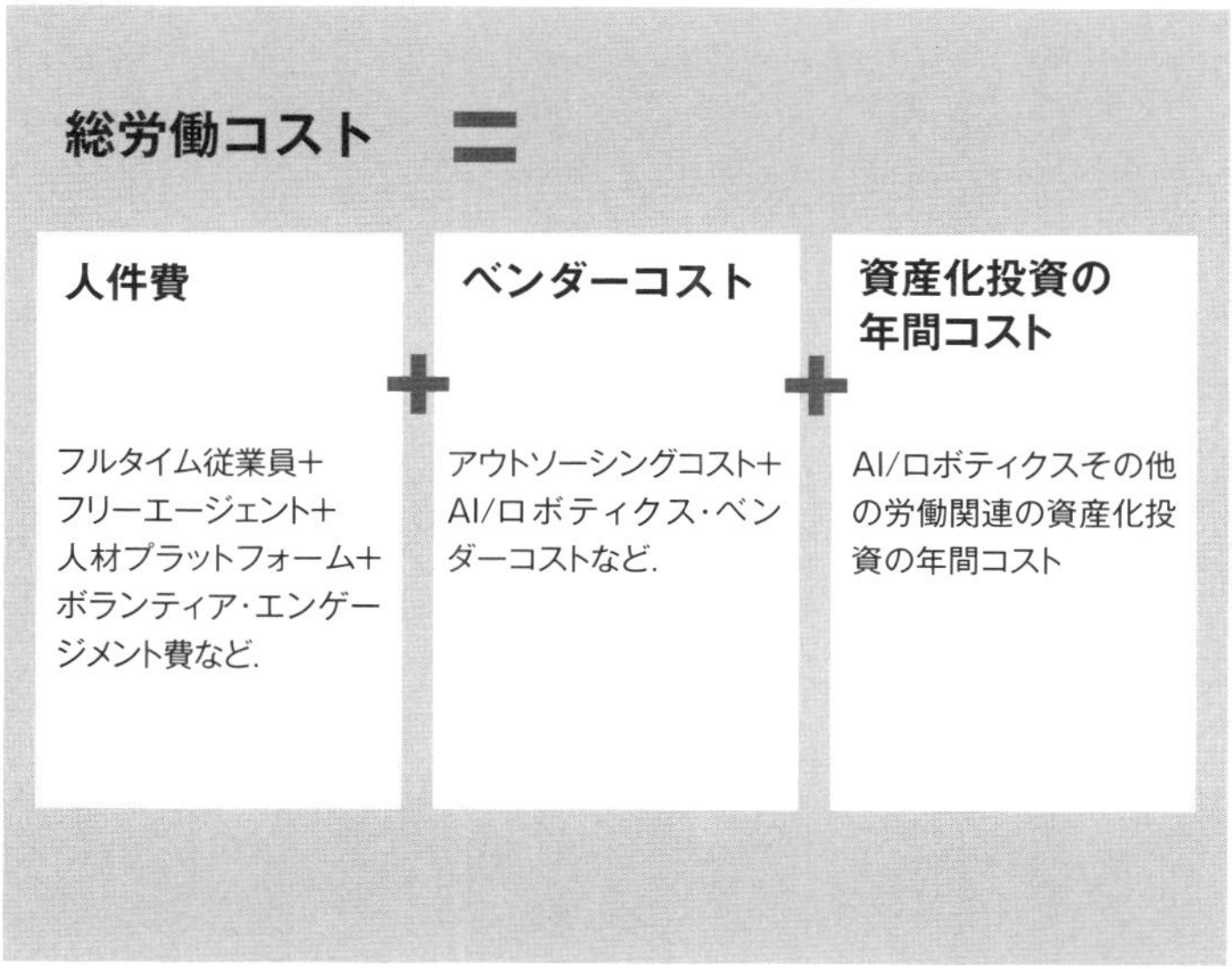
総労働コスト ＝
人件費
フルタイム従業員＋
フリーエージェント＋
人材プラットフォーム＋
ボランティア・エンゲージメント費など.
＋
ベンダーコスト
アウトソーシングコスト＋
AI/ロボティクス・ベンダーコストなど.
＋
資産化投資の年間コスト
AI/ロボティクスその他の労働関連の資産化投資の年間コスト

理解のなかに押し込もうとした。伝統的なOS（従来の要員計画、選定・調達、報酬といったインフラ）を変えることなく、新しいタイプの就労者を管理しようとした。

だが、新しいワークOSは絶えず変革しつづける。仕事の変化に応じて、OSの中核的構成要素であるプロセス、文化、人材、構造、テクノロジーを変化させつづける。ニーズに合わせながら、絶えず仕事を改革し、柔軟に態勢を変えるのが新しいワークOSだ。

チェックリスト

①タスクと能力を分解した言語を使って、仕事について説明できるか？

②仕事を改革しづけるために、プロセス、文化、人材、構造、テクノロジーをどう変えるべきかを正式に検討したか？

③分解された要素を、環境やニーズの変化に応じて簡単に組み替えられるように、テクノロジーや調整のためのツールを用意したか？

④仕事を改革しつづけ、オルタナティブな就労形態をサポートするために、人材マネジメントの仕組み（給与、福利厚生、人材調達、能力開発、業績管理など）を改革したか？

⑤改革しつづけるために、労働コストと生産性の尺度を見直したか？

Chapter 6

新しいOSの問題点と解決策

経営とリーダーに求められること

Management, Leadership,
and Deconstructed Work Coordination

新しい働き方に対する疑問

新しいワークOSの導入については、経営者、マネジャー、そして従業員からの抵抗があるのではないか、組織が混乱するのではないか、という懸念がある。たとえば、本書の草稿を読んだ一人のマネジャーは次のように語った。

私はこれまで、4人の部下を職務の名前が書かれた枠に入れ、私の枠とレポートラインで結ぶことで管理していました。4人のうちのだれか、あるいは全員に声をかけて、これをやってくれと言えば、その仕事を終わらせることができたわけです。

ところが新しいOSだと、そんな枠やラインは消え、部下たちのスキルや能力はほかのマネジャーにも可視化されて、部下は私が知らないタスクやプロジェクトに参加できるようになるわけです。部下の能力が、ほかのマネジャーのタスクに合致している場合、私は部下の仕事をどう割り振ればいいのでしょう？　自分の部下がほかのマネジャーの仕事を引き受けることを、いつどんな基準で認めればいいのでしょう？　部下を囲い込んでいると思われないためには、どうすればいいのでしょう？　部下がほかのマネジャーの依頼を受けたい、あるいは受けたくないと言った場合、その意向をどの程度考慮すればいいのでしょう?

別の人からはこんな指摘もあった。

仕事を分解して新しい役割やプロジェクトに組み立て直すことを繰り返すためには、マネジャーは、部下に抵抗されることなく、優先順位やチーム編成を変えることができなくてはなりません。いまは、部下は直属で同じ結果を求めているので、上司として部下に新たな仕事を与えるのは容易です。ところが、メンバー編成が一過性になり、それぞれがやりたい仕事や自分の能力向上を追求していたら、集団としてのすばやい方向転換は難しくなるし、ほかのリーダーとのあいだでメンバーの奪い合いになったりしませんか?

このようなジレンマを解決する方法はいくつか考えられる。

- マネジャー同士が直接話し合って、部下の配置を決める。
- 部下自身に選ばせる。本人が、その仕事に感じる魅力と、自分の能力開発にどう役立つかを考えて決める。
- 移転価格や顧客価値といった要素を組み入れて、経済的に最適化された人材マーケットをつくる（たとえば、契約金額が高い案件のリーダーが優先的に人材を確保できるなど）。

●なんらかのアルゴリズムによって、仕事量の配分を最適化して労働者に割り当てる（初歩的な例では、会議のスケジュールを最適化する自動カレンダーアプリのようなアルゴリズム。たとえば、出社するとその日のタスクのスケジュールが示されていて、それが随時更新される）。

もちろん、新しいワークOSをめざすにあたって、これらを組み合わせることもできるし、ほかの手段を選ぶこともできる。解決策は組織が置かれている状況によって異なるだろう。私たちが完全な答えを持っているとは言わないが、この章では、新しいOSが引き起こすのではないかと懸念されている問題と、それに対する解決策を提示する。その解決策を実行するために必要な学習と意思決定のフレームワークについても説明しよう。

ワークデザインの改革は機敏に

ジョン・ボードローとピート・ラムスタッドは、未来の働き方を設計するときの大原則は、アジャイル・イノベーションと似た方法を使うことだと提案している。[*1]

彼らは2021年、コロナ・ワクチンが利用可能になったころにこの原則を提案した。そのころ、多くの組織が、コロナ終息後に従業員をどういうかたちで「職場に復帰させる」のが最適かを考えていた。その答えには、「すべての仕事をリモートで行う」というものから、「コラボレーションを実現するために全員が出社する」、あるいは「上司と相談して週2日から5日の幅でリモートワークの日数を決める」など、さまざまなものがあった。

ボードローとラムスタッドは、多くの組織が全員に「同じ方法」を適用することで「公平」を実現しようとしていることの問題に触れ、それではだれにとっても最適な働き方にならない可能性があると指摘した。

彼らの観察と指摘は、コロナ感染の蔓延という状況下でのものだが、新しい働き方に対応するワークOSが突きつけるジレンマと機会にも当てはまる。彼らは、特定の働き方を唯一の正解として提示するのではなく、正解を探るときの正しい方法論を提案したのだ。

仕事の未来は予測できない。しかし私たちは、パンデミックという未曾有の困難と機会に対応するために、すべての企業が新しい働き方を見つけ、改革する重要性を学んだことを知っている。だから私たちは、すべての組織に当てはまる特定の方法ではなく、アジャイルなイノベーションと実験を通して仕事をデザインすること、そのために必要な備えをすることをお勧めしたい。[*2]

アジャイル・イノベーションに学ぶ

アジャイル・イノベーションの原理をひと言で表せば、「実験し、失敗するならさっさと失敗し、失敗から学び、アイデアや疑問をあっさり退けず、現状への脅威をチャンスとみなす」ということだ。イノベーションを実現するために、スプリント〔作業を完成するために短く期間を区切る〕、スクラム〔小単位で計画と実装を反復しながら全体的完成度を高める〕、ハッカソン〔一定期間集中的に作業に取り組み、技能・アイデアを競い合う〕といった実践的な手法もある。第1章では、ジェネンテックのケースを通じてアジャイル・イノベーションの実際を説明した。

働き方を設計するうえで、仕事のことをいちばんよく知っていて、働き方の影響をいちばん受ける労働者の意見を聞くことほど包摂的《インクルーシブ》な方法があるだろうか。労働者に望ましい働き方について本音を語らせること以上に、リーダーの共感力、オープンな姿勢、説明責任を果たそうとする姿勢を伝えるものがあるだろうか。

仕事や組織、働き方について考えるとき、人事以外の分野で有効性が証明されているフレームワークのレンズを通して問題を捉え直すのが有効だ。[*3] つまりアジャイル・イノベーションのレンズで働き方改革を見るということだ。そのレンズは製品開発、マーケティング、デジタルトランスフォーメーションなどの部門に存在する。それをワークデザインの分野に拝借するのである。

アジャイル・イノベーションでは、全体的な目標に焦点を合わせながら多数のアイデアを根づかせるためのツールがリーダーに提供される。労働者には、厳しい質問をし、常識に異義を唱え、顧客の声に耳を傾けて新しいアイデアに変換し、価値のある失敗をする自由と機会が与えられている。真の違いをもたらすイノベーションのためには失敗も必要だという理解が共有されており、失敗に終わったイノベーションも賞賛される。このような考え方をワークデザインに応用することで、最も効果的にワークＯＳが実現するのだ。

たとえば、ある企業がコロナ沈静後に従業員を職場に戻すために策定した計画に、次のように書かれていたとする。「事業再開にあたって、勤務の柔軟性に一定の制約が生じるが、ＨＲ部は従業員の不満に対処する現場のマネジャーを助け、そうせざるを得ない理由を説明すること」

これをアジャイル・イノベーションのレンズで解読すると、顧客からのクレームに対する時代遅れな考え方と類似していることがわかる。「製品やサービスを顧客の要望どおりに変えることなどできない。顧客の苦情に対応するのは顧客サービス担当者の仕事なのだから、説明は彼らにやらせておけばよい」と言っているようなものだ。

しかし今日、ありとあらゆるアジャイル・イノベーションが、顧客からのクレームを「イノベーションの機会」と捉え、それによって組織の文化や考え方を変えるという発想で推進されている。仕事に対する従業員の不満にも、同じ発想で臨むべきである。

不満は避けられないかもしれないが

新しいワークOSは、仕事の継続的な分解と再構築が必要なので、ワークデザインの範囲と見直しの頻度は増加する。あらゆる改善がそうであるように、その効果にはばらつきがある。

上司も部下もフラストレーションは避けられないが、そのこと自体をむしろ望ましいことと捉えるべきである。フラストレーションを不満とみなすと、新しいワークOSの力が失われる。顧客の要望を苦情とみなすと、製品の改善に活かせるアイデアが潰されてしまうのと同じことだ。

もちろん、ワークデザインは従業員にとって、製品やサービスや製造プロセスなどのデザインより、自分とのかかわりがはるかに深い。たとえば、リモートワークに適した住まいやライフスタイルにお金をかけた従業員やリーダーは、ワークデザインについて、新製品を設計するときほどの客観的姿勢を保てないかもしれない。

したがってワークデザインにおいては、これまで強い発言力を持っていなかった従業員、あまり重視されていない新人、あるいはまだ姿も見えない将来の従業員など、多様なワーカーの見解、アイデア、提案を考慮する必要がある。実際問題として、ワークデザインの改革において、現在と未来の従業員を、自社製品にとっての顧客のように考えるのはきわめて有効な方法だと思われる。

論理的に進めれば混乱は生じない

それは、すべての人の仕事を不確実なものに変え、ゼロから再設計しなくてはならないような混沌を意味するのだろうか？　そんなことはない。組織はすでにアジャイル・イノベーションの体験から、最も重要な戦略的領域に狙いを定めるためのツールや、イノベーションの正当性を判断するためのツールを持っている。

たとえば、製品やサービスのイノベーションをめざす企業は、特定の機能、あるいは特定の市場で実験することで、失敗のコストを最小限に留めようとするはずだ。それ以外の製品やサービスの市場では、イノベーションに取り組んでいるあいだもそのまま売りつづける。

その一方で、実験に入れていない製品やサービスについても、改善のための提案を集めて評価したり、分析によってシステムの潜在的な欠陥を特定したりするなど、イノベーションの一翼を担わせることは可能だ。

イノベーションをめざす正しい方法は、メリットがコストを上回るよう体系的に評価することだ。イノベーションが進めばコストは次第に低下し、収支のバランスも変化する。ワークデザインのイノベーションも同じことだ。

ＨＲ部門が主導するワークデザイン改革

アジャイル・イノベーションと同様、ワークデザインの最終責任も各部門のトップにある。だが、そこには違いもある。

アジャイル・イノベーションの場合は、ラインのリーダーや機能別リーダーがそれぞれ自分のユニットで実行するのが一般的だ。オペレーション、製品開発、マーケティングなどの部門がイノベーションを追求するとき、財務、法務、ＩＴ、人事などの部門は、事業部門をクライアントとする「ビジネスパートナー」としての参加に限定されるのがふつうだ。

しかし、仕事は組織のあらゆる場所に存在するので、ワークデザインの改革は、製品、製造、オペレーション、研究開発といった１つの分野にとどまるものではない。だとすれば、ワークデザインのイノベーションを主導し、推進すべき部門や分野は何だろう？

そこに、最高人事責任者（ＣＨＲＯ）やＨＲ部門が、事業部門のサポート役という従来の役割を超える挑戦の機会がある。新しいＨＲ部門は、ワークデザインのアジャイルな実験と学習の拠点となる。ただ方針を説明したり、強制したり、コンプライアンス順守を監視するだけの役割ではなく、ワークデザインにおける全社的イノベーションに責任を持つことができるのである。

HR部門は、社内のイノベーションの専門家と協力し、既存のツールに手を加えてアジャイル・イノベーションのツールやフレームワークを開発し、ワークデザインに適用する。マネジャーと部下がそのツールを使って仕事を進め、結果をモニターして評価するようトレーニングをする。実験の教訓を全社から集め、全社に役立つ言葉に翻訳する責任を負う。

またHR部門は、ワークデザインを革新するためのシステムをサポートするフレームワークとリソースを開発し、改善しつづけることができる。そこには仕事の意味、仕事をいつどこで行うか、仕事の価値をどのように創造し、組織、従業員、社会のあいだで共有するかといった要素が含まれる。これが、HR部門に支えられた全社的「アジャイル・ワーク・イノベーション」である。

コンサルティング・ファーム・モデル

新しいワークOSの説明を聞くと、コンサルティング・ファームで行われているような仕事の進め方をイメージする人が多い。そこでは、プロジェクトの開始や終了に合わせて、コンサルタントがさまざまな仕事のあいだを渡り歩いている。そんなコンサルティング・ファームの方法から何が学べるかを見てみよう。

コンサルティング・ファームの働き方の2つの方式

コンサルティング・ファームは通常、2つの方法のどちらかを採用している。

- プロジェクトの開始から終了までフルタイムで人を貼りつける。プロジェクトの継続期間は通常6カ月以上に及ぶ。これは伝統的なワークOSに近い方法で、人員の配置は変化せず安定的に続く。
- 1人のコンサルタントの勤務時間を、複数の短期プロジェクトに割り振る。たとえば、あるクライアント企業での新しい職務構造の設計に加わりながら、別のクライアント企業での成果連動型報酬プログラムの設計を支援するといった方法である。

2つの方式を比較する

2つのアプローチの特徴や違いは、新しいワークOSをめざす方法について有益な教訓を与えてくれる。

プロジェクトの人員配置と調整

どちらの場合も、専任のスタッフ・コーディネーターがいて、コンサルタントの時間的余裕《アベイラビリティ》、スキル、育成ニーズ、クライアントの所在地、主たる担当業界といった要因に基づいて、どのプロジェクトにだれを割り当てるかを決定するのが一般的だ。

コーディネーターは、客観的な要因に基づいて人をプロジェクトに割り当てる責任を負う。プロジェクト・リーダーの主観的な好みに配慮したり、すべてのプロジェクトのあらゆる側面を考慮に入れず、部分的な考慮で配置を決めてはならない。一般企業でも、仕事に応じて人が流動する傾向が強まっているので、専任のコーディネーターを置くことは有益だ。人員の配置と調整を個々の管理職の手に委ねる昔の慣行は、多くの弊害を生み出す（人材流動性の低下、仕事と人材のミスマッチによる生産性低下など）。

管理監督と育成

どちらのアプローチでも、コンサルタントはマネジャーやパートナーに割り当てられ、彼らは当該コンサルタントの成長と育成に責任を持つ。その期間は1年から数年である。

コンサルタントは通常、マネジャーと同じビジネスユニットや産業グループに所属するが、両者が同じプロジェクトで一緒に仕事をすることは少ない。これも他業界の企業にとって有益な慣行だ。上司が部下に接するとき、監視や管理ではなくコーチングや擁護《アドボカシー》に重点を置くことで、部下のエンゲージメントを高めることができる。

パフォーマンス評価と能力開発のためのフィードバック

2つのアプローチは、フィードバックの頻度とその性格において異なる。長期的プロジェクトにフルタイムでコンサルタントを配置した場合、フィードバックはプロジェクト終了時に、プロジェクトマネジャー、他のコンサルタント、クライアント側のメンバーによって詳細に行われる。他方、短期的プロジェクトにパートタイムでコンサルタントを配置した場合は、各プロジェクトの終了時に、コンサルタントチームのリーダーによってフィードバックが行われる。長期のプロジェクトほど詳細ではないのがふつうだ。

後者の方式の場合、同僚からのフィードバックは、業績評価の一部として年に1度行われる。クライアントからのフィードバックも、複数のプロジェクトにおける会社のパフォーマンスを反映するために年に1度集約される。このように、短期プロジェクトモデルでは、特定のプロジェクトでコンサルタントが発揮したパフォーマンスと、同僚やクライアントからのフィードバックとの関係は薄くなるのが一般的である。

フィードバックや能力開発は、業務が終わってすぐ、業務と直結させるかたちで行うのが、どんな業界の企業にとっても有益なやり方だ。伝統的なワークOSで行われている典型的な実績管理は、報酬を管理するために行われていることが多く、仕事の遂行実態との関連は薄い。

給与・報酬・報奨

報酬面でも2つのアプローチは異なる。スタッフを全期間にわたって1つのプロジェクトに専念させる方式の場合、報酬（昇給、ボーナス、株式報酬など）は、コンサルティング・ファームが得た収入や請求対象時間などの目標達成度に加え、プロジェクトのフィードバックによって大きく左右される。

短期的にプロジェクトに関わらせる方式の場合は、アソシエイトが1年間に担当するプロジェクトの数が多いため、プロジェクトごとのフィードバックが報酬の決定におよぼす影響は小さくなり、個人の目標達成度が第一に考慮される。

報酬の面では、給与と勤務成績の結びつきが強い専任スタッフ制のモデルが、すべての企業にとってのひな形になる可能性がある。

新しいワークOSでコンサルティング・ファーム・モデルはどう変わるか

コンサルティング・ファームのモデルでは、短期配属方式のほうが、仕事の要素を分解することが基本である新しいワークOSと共通点が多いが、どちらの方式にも学ぶべき点がある。一般的な結論として、コンサルティング・ファームでさえ、仕事の最適化はメンバーに依存する方法で行われていると言える。コーディネーターがプロジェクトへのアサインを全体的視点から最適化し、マネジャーあるいはメンターが個々のコンサルタントの目標、成長、報酬、ウェルビーイングに目を配っているということである。

2つの方式の違いは、新しいワークOSが進化するにつれ、今後どのように変化していくだろう。それを次に見てみよう。

プロジェクトの人員配置と調整（新しいOS）

新しいワークOSのもとでは、どちらの方式でも、プロジェクトは相互作用的なタスクと独立的なタスクに分解される。コンサルタントも同様に、分解された属性や好みによって表現される。分解されたコンサルタントの属性と、プロジェクトに含まれるタスクやクライアントの特性をマッチングさせるという、人間のコーディネーターでなくてもできる反復的で非認知的な作業は、AIや機械学習が担うようになるだろう。

人間のコーディネーターは、複数のマネジャーが同じコンサルタントを使いたがった場合の調整や、コンサルタントの育成に責任を持つマネジャーに対する指導やカウンセリングなど、より高度な仕事を担うことになる。

管理監督と育成（新しいOS）

プロジェクトと関係なく特定のコンサルタントを監督するという仕事は、新しいOSのもとでは、プロジェクトマネジャーの責務になる。

コンサルタントの指導や育成に特化したこれまでのスーパーバイザーの仕事は、コンサルタントの仕事ぶりをリアルタイムで収集する自動化されたプラットフォームが果たすことになる。プロジェクトマネジャーはそこから、当該コンサルタントの強み、成長の機会、興味などに関する情報を得る。そこには個人のパフォーマンスや進捗状況、成長のための別のキャリアパスの可能性、本人の興味や必要性を反映したスキル習得機会なども含まれる。そのためプロジェクトマネジャーは、直接的なコーチングだけに集中することができる。

パフォーマンス評価と能力開発のためのフィードバック（新しいＯＳ）

新しいＯＳでは、フィードバックはより頻繁に、より短時間で行われるようになる。コンサルタントは、長期プロジェクトでも短期プロジェクトでも、適切なタイミングで簡潔なフィードバックを頻繁に受けることになる。

プロジェクト終了時に、そうした多くのフィードバックをＡＩが包括的なレビューに集約し、同僚やコンサルタントにフィードバックを見直すよう促す。

給与・報酬・報奨（新しいＯＳ）

新しいＯＳでは、プロジェクトの成果や業績との関連が薄い年末の報酬レビューに基づいてではなく、プロジェクトの各タスクで発揮されたパフォーマンスに応じた報酬が支払われるのが一般的だ。

報酬はプロジェクト終了後に支払われ、その金額はプロジェクトの成果や、習得したスキルが顧客から求められているものであるか、あるいは、今後のプロジェクトで成果を上げるために重要なものであるかなどに基づいて調整される。

ボーナスは年1回ではなく、各プロジェクト終了時に支払われる。昇給や株式報酬は、本人がその年に獲得したスキルや、そのスキルが将来のクライアントのニーズに応えるためにどれだけ重要なものであるかに基づいて決まる。

新しいワークOSに進化したコンサルティング会社の課題は、次のようなものになるだろう。

- マネジャーが人材を求めるとき、新しい職務の担当者を求めるのではなく、職務を分解したタスクに対応するスキルや能力を求めるよう変えていくこと。
- マネジャーのプロジェクト管理能力、業務品質管理能力などを高めること。
- 従業員に自分のスキルや能力をプラットフォームに登録させること。
- プラットフォームをノイズ（マネジャーと従業員に不要な情報を開示する仕組み）ではなくシグナル（仕事とスキルのマッチングのためのインサイトを提供する仕組み）として活用すること。
- プラットフォームやシステムに対する信頼を醸成すること。

仕事の民主化をめざす

仕事の割り振りや従業員のパフォーマンス管理を変容させるＡＩの力については、多くのことが論じられている。

アマゾンは、作業員をより効率的に働かせるために、リストバンドの振動を利用する装置の特許を取得した。ＩＢＭは、瞳孔の拡張や顔の表情を追跡できるセンサーで従業員をモニターし、従業員の睡眠の質や会議のスケジュールのデータを使って、コーヒー休憩で勤務が中断されないようにカフェイン入り飲料をドローンで届けるというシステムの特許を申請している。[*4]

そんな話を聞くと、ステロイド剤を使った最悪のテイラー主義（50ページ参照）、搾取と侵害による労働管理のように思えるかもしれない。確かに、このような方法には考慮すべき多くのリスクがあるが、新しいワークＯＳの可能性を実現するうえでＡＩの働きが重要なことは間違いない。労働者の搾取などとは無縁のＡＩ活用は可能だし、あってしかるべきだ。

そのような問題意識から、ＨＲ分野のリーダーたちが未来の仕事と人事管理のあり方を構想したのがＣＨＲＥＡＴＥプロジェクトだ。

そこで「民主化された仕事《デモクラタイズド・ワーク》」という新しい言葉が生まれた。[*5] 多様で包括的な就労形態と人材ソースという、この本が論じている仕事の思想を包含する概念である。「民主主義《デモクラシー》」を含むこの用語は、新しいワークOSとそれを支えるテクノロジーが情報と意思決定を分散させ、透明化させる可能性があることを含意している。そこでは労働者も、経営者も、政策立案者も、その他すべての人が、詳細に分解されたレベルで全体像を見ることができるようになる。その結果、労働者のエンパワーメントが大幅に向上する可能性がある。

第1章では、AIが職務やプロセスを分解し、それを構成するタスクや活動を特定できることを説明した。第2章では、AIに業務を継続的に分析させ、タスクごとに人間と機械の最適な組み合わせ方や、人間の最適な関わり方を決定させられることを説明した。第3章と第4章では、すべての人材が持つあらゆるスキルと能力を、多種多様なタスクや活動にシームレスにマッチングさせる、AIを活用した社内人材マーケットプレイスについて説明した。

このようにAIは、タスクとスキルや能力の多対多のマッチングを可能にするために不可欠な存在だ。AIがなければ、マネジャーは職務と従業員を組み合わせるだけの、時代遅れの役割にとどまるしかなくなる。

AIを使用して新しいワークOSの肯定的な価値を活かしつつ、懸念されるような副作用を最小限に抑えているのがユニリーバ（Unilever）の取り組みだ。

新しいリーダーシップの定義――ユニリーバのケース

ユニリーバは、パーパスをかかげて組織をリードしようとしている。[*6] 同社の前CEOであるポール・ポルマンは、持続可能性は正しいことであるだけではなく、自社の成長のために不可欠な要素とみなした。2010年にポルマンは「サステナブル・リビング・デベロップメント・プラン」を打ち出した。10億人以上の衛生・生活環境の改善支援、ユニリーバの事業が環境に与える負荷の軽減、自社工場における男女平等の推進などを含む計画だ。

ポルマンの動機は明確だ。人が健全に生きられない世界では、企業も成長できない。人と環境を守ることとは自社の未来を守ることでもある。包装資材の削減から工場排水の半減、遠く離れたコミュニティへの保健衛生用品の無料配布まで、ユニリーバにはCSR活動に特化した独立の部門はなく、全社の事業の中核に据えている。

仕事の未来のためのフレームワーク

現CEOのアラン・ジョープと最高人事責任者(CHRO)のリーナ・ナイールは、このビジョンを引き継ぎ、さらに加速させている。私たちがユニリーバと協力して行ったケーススタディが、ユニリーバの「仕事の未来のためのフレームワーク」を詳しく説明している。[*7] このフレームワークは、個人のパーパス、進化する仕事の性質、そして労働者のエンプロイアビリティ〔雇用され得る能力〕の維持をシームレスに結びつけている。

ユニリーバの戦略は「パーパスに従い、未来に適応する」という標語で表されている。会社が定めたパーパスに従って事業、人、ブランドが変われば、すべての製品やサービスが社会と環境に役立つものになり、会社の財務状況にも社会にも望ましい結果が生まれることを証明しようとしている。

ユニリーバは、企業として従業員にエンプロイアビリティを持たせるという責任と、企業としてのケイパビリティを強化することを結びつけるワークOSを開発した。生涯学習と新しい雇用形態への投資を含む「仕事の未来のためのフレームワーク」によって、これら2つの課題の両立に取り組むことを約束した。

この枠組みは、パーパスに従いながら未来に適応する社会契約を従業員とのあいだで結び、同時に、組織として必要なビジネス・トランスフォーメーションを可能にしようとするもので、次のような内容が含まれる。

❶生涯学習を促す

ユニリーバは、全従業員に、「未来適応個人計画《マイ・フューチャー・フィット・プラン》」を持ち、会社の内外に存在する新たな役割を意識してエンプロイアビリティを高めていくことを求める。従業員は、①役割の進化に備えるスキルアップ、②社内で別の役割を果たすためのリスキル、③社外の仕事のためのリスキル、④社内でプラットフォームベースの仕事に移行する、という4つの選択肢のなかから、自分の将来の進路を1つ以上描かなければならない。

❷労使は対立ではなく協調する

ユニリーバの80％の部門には組合があるため、このフレームワークは「パーパスに従い、未来に適応する」という戦略の足を引っ張るストライキ、交渉、抗議活動といったリスクをはらんでいる。だが同社は、従業員や組合の代表者と協力して意識を高め、積極的に対話して、従業員のための諸施策を整えようとしている。

このような労使協調によって、ユニリーバの従業員は、勤続年数に関係なく雇用環境の変化から守られることが保証されている。同社の労使関係は、経営側は解雇の自由とコスト削減を追求し、組合側は雇用の維持と賃金の最大化をめざすという、一般的な姿とは非常に異なっている。

❸ワークＯＳを再定義する

ユニリーバは社内に新しい雇用形態を設け、従業員に固定的雇用とフレックス雇用を行き来する選択肢を与えようとしている。同社はすでに、ＡＩを使って人材とプロジェクト機会を迅速にマッチングする「フレックス・エクスペリエンス」プラットフォームで大きな成功を収めている。[*8]これにより従業員は、時間を自分で調整しながらプロジェクトに取り組み、現在のスキルを高めたり、新しいスキルを開発したり、新しい経験を積むことができる。

このプラットフォームが真価を発揮したのは、コロナ危機によって、事業を継続するために俊敏性が死活問題になったときだ。消費者のニーズと期待が激変し、マーケティング計画、サプライチェーン、ロジスティクス、製品製造のすべてを迅速に機能させなくてはならなくなった。

そのためには感染状況の情報や分析を現場に届けることが必要だった。同社は売上げ、キャッシュ、サプライチェーンなどの社内データを分析し、感染率や消費者行動の変化などの外部要因と突き合わせたいと考えた。そこで、「フレックス・エクスペリエンス」を使って、データサイエンティスト、ビジネスアナリスト、プロジェクトマネジャー、ユーザーエクスペリエンス・デザイナーなど、多様なスキルと経験を持つ人材からなるコロナ情報分析部隊を編成したのである。

このプラットフォームにより、必要なスキルをすべて備えたチームを迅速に集められただけでなく、個別のタスクにメンバーの個々のスキルを合わせることができたため、すばらしい効率と効果を発揮することができた。

英国では、他社とも共有するための人材をプールする試験的なスキームも進行中である。

図表6－1はユニリーバの「未来の働き方のためのフレームワーク」を示している。

図表 **6−1** **未来の働き方のためのフレームワーク（ユニリーバのケース）**

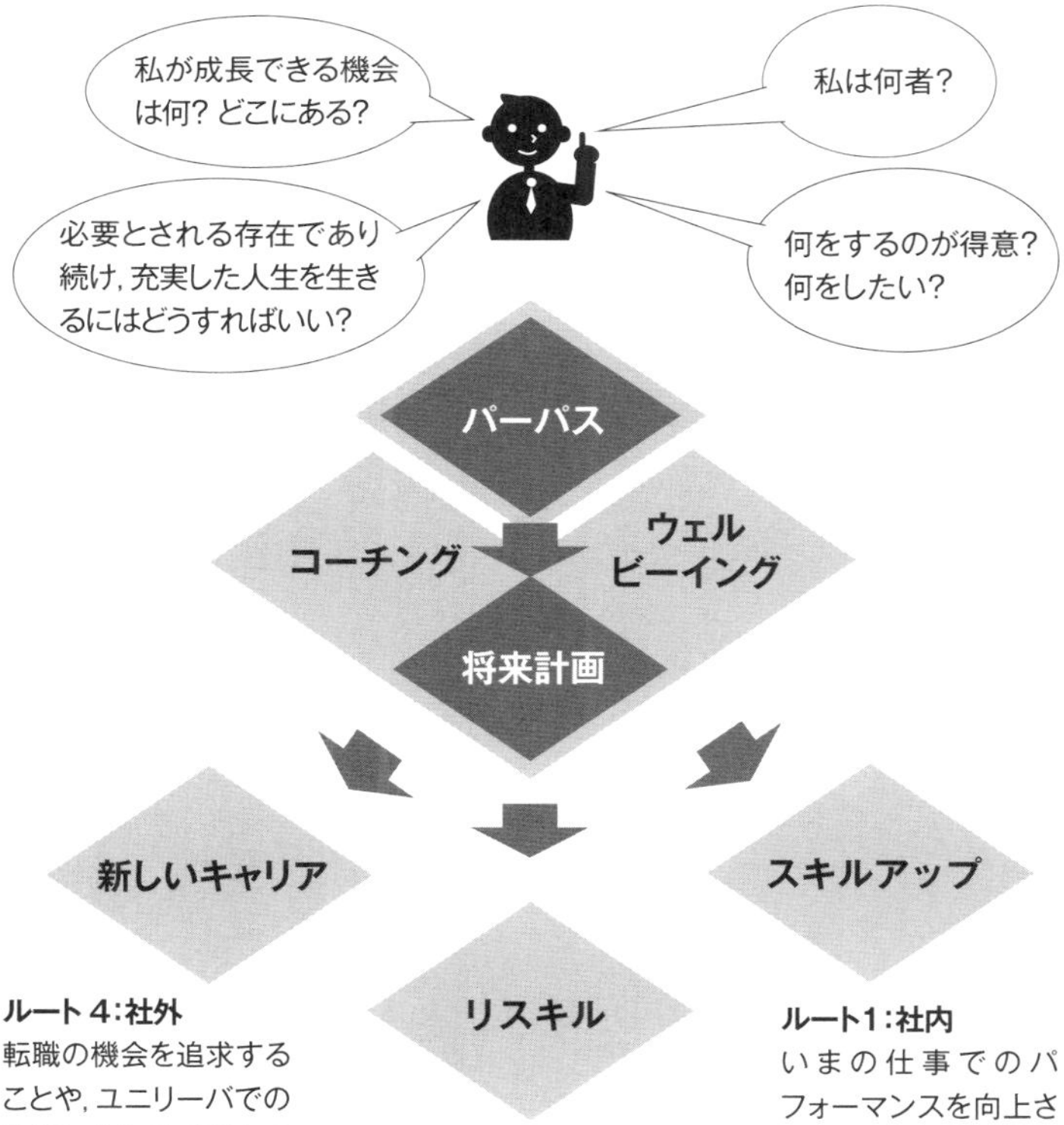

ルート 4：社外
転職の機会を追求することや，ユニリーバでの仕事と合わせてほかの場所でも柔軟な形態で働くことを認める．必要な経済的裏付けにも配慮する．

ルート2：社内
ルート3：社外
いまの仕事がなくなって別の仕事に移らなくてはならなくなったとき，移行のための再教育を行う．

ルート1：社内
いまの仕事でのパフォーマンスを向上させたり，仕事の変化に追いつくためのスキル向上を図る．

個人を大切にすることから生まれた3つの特徴

ユニリーバのワークOSには、3つの際立った特徴がある。

第1に、このワークOSは、従業員を、指示に従ってトレーニングを受ける存在から、自分の仕事の将来の変化を理解したうえで、いつ何を身につけるかを自ら選び、自らの成長の道筋を描く存在に成長させた。

選択できる成長の道筋には、現在の仕事が改革された場合のスキルアップ、いまの仕事がなくなったときに備えるリスキリング、ユニリーバの外で新しい役割に挑戦する準備、ユニリーバが一部提供する経済的保障をともなうオルタナティブな就労形態を受け入れるアウトスキリング〔解雇される前にリスキリングの機会を提供して成長産業への転職を支援する〕が含まれる。

ここで重要なのは、ユニリーバはどこかで実際に募集が行われている採用に向けてリスキリングを提供するだけでなく、自社のネットワークを使って従業員の転職をサポートしているという点だ。システム全体が仕事とスキルの分解を前提にしているため、従業員も会社も、仕事がどのように変化しているか、その結果どんなスキルが求められるのかがはっきりわかるのである。

第2に、このワークOSは、従来とは根本的に異なるリーダーシップの考え方とモデルを必要とする。リーダーに対し、伝統的な組織構造や役割を超越したアジャイルな方法で活動することを求める（たとえば、フルタイムの従業員を雇うのではなく、「フレックス・エクスペリエンス」のプラットフォームを利用して新たな課題に取り組むなど）。これについては、のちほど詳しく説明する。経営者には、報酬、予算、業績測定などを整合的に組み合わせて新しい働き方をサポートするものにすることも求められる。

第3に、このワークOSは個人から、特に個人のパーパスと将来の願望から始まる。それがその人の継続的なウェルビーイングと成長を確保するための計画、エンプロイアビリティを確保する計画につながり、先述した4つの選択肢のある未来適応個人計画（214ページ参照）へとつながるのである。

良い仕事とは何か？――管理から仕事づくりと交渉へ

ジョブ・クラフティングという考え方をイントロダクションで紹介した（54ページ参照）。そこで、伝統的なワークOSのもとでも、仕事の進め方や人間関係について、あるいは仕事の意味について、働く個人にはある程度の自由裁量があることを説明した。個人は自らの工夫で仕事の負担を減らし、やりがいを増やし、エンゲージメントを高めることができると証明されている。

ジョブ・クラフティングと呼ばれているが、職務《ジョブ》をつくる《クラフト》というより、職務を分解することで仕事を理解し、それを再構築するということだ。

「良い仕事」とは何か

労働者が自分の仕事を分解・再構築することで、労働の価値とモチベーションを高めようとしている現在、「良い仕事」はどのように定義されるべきなのだろう?

もちろん、労働者の特性や生活状況、組織の戦略、仕事の性質や貢献度などによって、「良い仕事」の定義は変わってくる。一例として、英国の人事専門家集団である英国人材開発協会(CIPD)が、英国での仕事の質の指標として挙げている6つの次元を紹介しよう。[*9]

- 給与とその他の報酬
- 仕事の本質的特性(多様性、自律性、タスク・アイデンティティ、意義・パーパス、結果の可視性など)
- 雇用条件(契約形態、期間、保障など)
- 健康・安全
- ワークライフバランス
- 権利主張の手段と発言力

労使のコミュニケーションが変わる

新しいワークＯＳでは、社内外の人材マーケットプレイスや自動化ツールなどによって、分解された仕事の要素が流動化し、可視化されるので、ワーク・クラフティングの機会が増えることになる。

さらに、コロナ感染やその他の破壊的要因がもたらした長く尾を引きそうな影響が、労働者に自分の仕事を再設計する力を与えた。その結果、生産性、個人的成長、そしてウェルビーイングを向上させる新たな働き方が生まれ、リーダーとマネジャー、そして労働者は、仕事と就労形態についてつねに交渉する関係になった。

これまで、この種の交渉は、企業と労働組合あるいは労働者集団のあいだで行われてきた。伝統的なワークＯＳのもとでは、安定的な職務と働き方が前提となっており、このような交渉はあまり頻繁には行われなかった。

これに対し新しいワークＯＳでは、交渉は継続的で、個別化《パーソナライズ》され、分散化されることになる。定期的に集まって契約交渉する代理人に任せるのではなく、現場のマネジャーと労働者が必要に応じてその都度交渉することが必要になる。したがって会社は、マネジャーと労働者の双方に、不要な争いを最小限に抑え、双方のメリットを最大化する交渉ができるようなツールを提供しなければならない。

相互利益のアプローチ

このような目標を達成するためのツールやフレームは数多く存在するが、交渉の場面で長年にわたって支持されているのが「相互利益《ミューチュアル・ゲイン》」アプローチだ。その構成要素は以下のとおりである。[*10]

- BATNA《バトナ》(Best Alternative to Negotiated Agreement)――双方にとって「合意できなかった場合の最善の代替案」を準備する。自分の側についても、相手側についても、それぞれが明示している要求の背後あるいは行間にある利害を理解する。
- コミットメント不要の価値創造――言い出した側が実施の責任を負わない「コミットメント不要」の条件で選択肢と発想の枠を広げ、双方に利益のある方法を発見するよう努める。
- 価値の分配――合意によって何らかの価値が創造された場合をあらかじめ想定し、何をもって「公平な配分」とするかの基準を定め、一方だけが有利になる交渉を避ける。
- やり抜く《フォロースルー》ための準備――将来の課題とその解決策を事前に想定する。対立、あいまいさ、不確実性の潜在的な原因を想定する。約束の履行を監視する方法、対立や混乱を解決する方法、コミットメントに対してインセンティブを設ける方法、合意を実行する人びとを助ける方法などを特定しておく。

すべてのマネジャーと労働者がこのようなアプローチを会得し、新しいソリューションや合意を見出すのに使うようになったら、どんな結果が生まれるだろう。新しいワークＯＳでは、マネジメントやリーダーシップの成功は、広い範囲に分散した交渉当事者たちの成功にかかっていることが多い。すべてをカバーする画一的な方針や、ときおり行われるだけの正式な交渉はあまり効果的ではなくなるだろう。

新しいワークＯＳの成功は、仕事の解体と再構築についてリアルタイムで交渉する労働者とマネジャーの能力に大きく左右される。

リーダーシップの変化――権限から影響力へ

ジョナサン・ドナーは、２００９年から16年までユニリーバでグローバルラーニングと能力開発のヴァイスプレジデントを務めたのち、国連食糧計画で戦略アドバイザーと能力開発部門のチーフ、アマゾンで経営者育成のディレクターを務めた。現在は、リーダーシップと組織能力の未来について、多数の組織に助言を行っている。

ドナーとボードローは、スローン・マネジメント・レビュー誌で、新しいワークＯＳにおけるリーダーシップについて次のようなビジョンを述べている。*11

新しいワークOSでは、リーダーは従来の考え方や行動を大きく変える必要がある。マネジャーは、職務をどのように組織化するかではなく、タスクやプロジェクトをどのように達成するかという観点から考える必要がある。

リーダーやマネジャーには、多様なリソースを調整してタスクを実行することが求められる。そのリソースは、人間の場合もあれば、人間以外の場合もある。自社が雇用する従業員のこともあれば、そうでないこともある。人材の側が、最も望ましいプロジェクトやプロジェクト・リーダーを選べるようになれば、マネジャーと個人の関係はヒエラルキーではなく、フラットなものになっていくだろう。

新しいワークOSでは、「レベル」や「役割」に応じて、リーダーシップとマネジャーには新たな能力が求められる。組織全体のリーダーは次のことを行う。

- 組織のメタ・タスク、すなわち全体的なミッションを設定する。
- その実行に必要なタスクを定義して優先順位をつける。
- タスク達成の基準、目標到達条件、サポートシステム、リソースを定義する。

組織全体のリーダーは、すべてのリーダーやマネジャーをサポートして、タスクを中心に仕事を組織化・最適化するプロジェクト・リーダーへと成長させなくてはならない。

新しいワークＯＳは、タスクの達成に集中する企業文化やオペレーションを実現し、人間とオートメーションをどう組み合わせるか、リソースをいかに柔軟に活用するかといった戦略的決断を導いてくれる。

もちろん、組織のメンバーが最高の貢献ができるような状況をつくり出すのはトップの責任だが、そのための方法が、新しいワークＯＳによって根本的に変わった。以下に、これからのリーダーやマネジャーに求められる能力やアプローチについて述べよう。

デジタルに精通した人材から、テクノロジーの熟達者へ

新しいワークＯＳでは、仕事の脱構築によって人間と機械が組み合わされるため、リーダーはテクノロジーと自動化が仕事に与える影響をつねに予測しなくてはならなくなる。つねに新しいイノベーションの可能性と実用性のバランスをとり、人間と機械を組み合わせた仕事の進め方について従業員に説明しなくてはならなくなる。

自動化が人間の仕事を代替するのか、補強するのか、あるいは新たに創造するのかについての判断は、タスクやプロジェクトごとに継続的に行う必要があり、最新のテクノロジーについての理解を反映したものでなければならない。

プロセスの実行からプロジェクトの指導へ

企業は、かっちりと定義され組織化されたプロセスの集合体ではなく、たえず進行し進化するプロジェクトが織りなす風景に変わる。

マネジャーは、組織の内外でつねに人材を発掘し、必要なスキルや能力に基づいて迅速にチームを編成するのが仕事になる。知識労働者はテクノロジーによってますますプロジェクトとバーチャルにつながるようになる。このように進化したプロジェクト・マネジメントでは、自動化や離れた場所でのコラボレーションの影響力が顕著になる。

伝統的なワークOSでは、このようなプロジェクト管理や調整は、たとえばガントチャートでもできたかもしれないが、新しいOSでは、よりリアルタイムで恒常的な調整が必要になる。マネジャーは、現在アジャイルチームで使われているようなツール（スクラム、スプリント、ハックなど）を使う場面が増えるだろう。

階層的な権限からエンパワーメントとアラインメントへ

階層的な構造に依拠する権限は適切ではなくなっていく。なぜなら、個人は従来の指揮命令系統に縛られなくなり、チームはプロジェクトベースの仕事でますます自己管理することが増えていくからだ。新しいシステムの透明性によって、個人の選択肢はつねに更新され、働く機会の可視化が進む。個人は自分の好みに合った仕事を求めるようになり、プロジェクトからプロジェクトへ移行する自由を求めるようになるだろう。

リーダーは、個人のエンパワーメントと、組織のミッションに対する自分の責任のバランスを取るためのフレームワークを設けなくてはならない。そして、いつ何を交渉するか、公式に交渉するのか非公式に交渉するのか、どこで価値を創造してどう分かち合うのか、これらについてチームと個人はどうすれば合意できるかを見きわめなければならない。

テクノロジーが主役の自動化から人間が主役の自動化へ

ワーク・オートメーションにおいては、仕事と個人の分解がますます必要になる。自動化というソリューションは仕事と個人がタスクとスキルのレベルでつながったときに効果を発揮するからだ。これからは、人間を代替するか、補強するか、人間の仕事を再創造するか（自動化によってのみ可能になる新しい価値のある能力を人間に与える）、はっきりした選択を迫られることが増える。[*12]

そのような選択はもはや、この作業にロボットを使うかどうかといった個別一時的な文脈で考えるべきものではなく、マネジメントチームが考えるべき永続的な一連の選択と考えるべきだろう。

その際、機械か人間かを考えるときのバイアスに注意する必要がある。機械のほうが効率がいいし予定も立てやすいと思っているマネジャーが多いかもしれないが、今後このような選択がますますプロジェクトレベルで行われるようになると、人間にしかない美的創造性、文化的発展性、将来のイノベーションへの貢献などにも目配りする必要がある。

多様性、公平性、包摂性への取り組みが、単発的なものから継続的なものに変わる

職務固定方式でのリーダーは、多様性《ダイバーシティ》、公平性《エクイティ》、包摂性《インクルージョン》（DEI）に関する確認を、採用や昇進の人事を検討するときにだけ行う傾向がある。このような節目はもちろん重要だが、DEIの成功を左右するのは、継続的な人間関係と相互作用だ。

新しいワークOSは、日々の人間関係や相互作用に気をつけて、メンバーの選択、配置、報酬、育成の機会を頻繁に提供する。新しい仕事を経験する機会が増えれば、DEIの方針も強化し定着させることができる。だが偏見が根強ければ、機会が増えたぶんだけ、DEIにそぐわない選択も増える可能性がある。したがって組織全体のリーダーは、仕事とその報酬が公平に配分されているかどうかを継続的に評価するためのプロセスも構築する必要がある。

基礎となる柱——目的志向の仕事

以上をまとめると、新しいワークOSが成功する鍵は、自分自身と部下をパーパスに従って導くことのできるリーダーやマネジャーの存在にかかっているということだ。

この変化の本質は、ロブ・ゴフィーと故ガレス・ジョーンズが発した、「あなたの部下があなたの言うとおりに行動しなくてはならない理由は何か？」という問いに集約されている。[*13] この問いは、働く個人が主役になり、プラットフォームを通じて自律的に仕事を選択し、さまざまなチームのさまざまなリーダーのもとで働くようになると、さらにその重要性が増す。

絶えず仕事をつくり変えるシステムにおいて、リアルタイムのリーダーシップやマネジメントを行おうとすると、働く個人を引きつけ、引きとめ、動機づけ、エンゲージさせるといった基本的なことがらの再考を迫られる。

そこでは人材は、自分がやりたい仕事かどうか（何をさせられることになるのか？）だけでなく、リーダーの〝ブランド〟（このリーダーは私をどんな方法で導くのか？）も考慮して、参加するプロジェクトを選ぶようになる。リーダーはチームを成功させつづけるために、より透明性の高いリーダーシップのブランドと実績を確立する必要がある。

そのことは、社内の人材マーケットプレイスでリーダーやマネジャーの質を追跡し、体系化している企業がすでに存在することからも理解できる。従業員がそこにアクセスすれば、リーダーたちのブランドを知ることができる。リーダーが過去に携わったプロジェクトの記録からもわかるし、リーダーシップスタイルに関する質問――「この人のもとで働いたら何を学べるか」、「イノベーションや異なるスタイルの仕事の進め方、貢献に対して、どれほどオープンで柔軟か」など――に対する元メンバーの回答からもうかがえる。

伝統的なワークOSでは、このような質問には曖昧で間接的な回答しか得られない。新しいOSでは、リーダーについてつねに更新されるネット・プロモーター・スコア（NPS）のようなものを定義することができるかもしれない。NPSは顧客満足度を評価する一般的なツールなので、これを上司に対する部下の満足度を評価するツールにするのは簡単だ。このような仕組みができたら、製品やサービスを繰り返し体験する顧客がそれを評価するように、エンゲージとリエンゲージを繰り返す部下がリーダーをどう評価しているかが明確になる。

リーダの評判は、プロジェクトの実績で決まり、新しいプロジェクトが終わるたびに更新されるので、リーダーは自分が何者で何をめざしているかを伝えるのに忙しくなる。部下はタスクやプロジェクトや役割を変えながら、それらをさまざまなマネジャーのもとで遂行するので、タスクの成功以上のものを求める志の高いリーダーを見分けられるようになる。

このように、仕事のスピードと粒度《りゅうど》が増すと、風向きが変わってもヨットを目的地に向かわせるキールのような、ゆるぎない目的意識を持つリーダーが評価される。持続的な目的を伝えるリーダーこそが、必要な人材を引きつけることができるのだ。

この章のまとめ

仕事と労働者を分解する新しいワークOSは、あらゆるタイプの未来のリーダーやマネジャーに根源的なチャンスと課題を提供する。

CEOの仕事も、Cスイート〔CEOやCOOなど「C」から始まる役職の経営トップ〕エグゼクティブの仕事も、そのほかのリーダーやマネジャーの仕事も、すべて分解されて再構築される日がやってくるのだろうか？

私たちはいずれはそうなると考えている。だが、それは別の本で論じよう。ここでは、新しい仕事の世界は、経営者の責任と優先順位をどのように変えるのかという問いを掘り下げる。

一見したところ、新しいOSのもとでも、Cスイートのリーダーたちの仕事に変化はないように見える。彼らの仕事は組織の戦略的使命を設定し、基準、目標、条件、資源を定義することだ。それが機能別リーダーたちを助ける。

機能別リーダーは中堅レベルのリーダたちをサポートし、彼らが足並みを揃えるためのシステムを確立する。中堅リーダーは、組織目標に優先順位を付け、自分が責任を持っているユニットの戦略目標に変換する。最後に、末端の現場マネジャーは、それぞれ自分のユニットの目標を達成するために必要なプロセスやタスクを定義し、優先順位をつけることになる。

そしてこれらすべてのマネジャーには、重要なもうひとつの役割がある。新しいワークOSの基準と境界を設定するというのがそれで、ワークOSの移行初期には特に重要な役割だ。すべての仕事をタスクに分解して行えばよいわけではないし、新しいOSを導入するスピードは企業のミッション、戦略、プロセス、文化、テクノロジーなどの要因によって異なるからである。ハイレベルの機能別リーダー——財務、オペレーション、ファシリティ、法務、安全衛生、人事、ITなど——にとっては、権限の切り分けと調整方法についてのルール設定、いわばガードレールの設定も大事な役割になる。機能をまたぐ仕事の進め方、調整、共有の原則を確立するということだ。

現在、このようなガードレールをまたぐ許可は、職務に紐づけて付与されている。たとえば、特定のITシステムへのアクセス権や機密資料の開示、あるいは安全衛生に関する研修が必要な施設への立入の許可などだ。しかし、職務がタスクと能力に分解され、雇用関係のない人も含めてさまざまな立場の人がタスクを行う可能性があるので、ガードレールの設定と調整を部門を超えて迅速に行うことが必要になる。

そのため上位のリーダーは、これまで以上に仕事を進める手段とその共有方法に注意を払い、権限と責任の配分方法を確立しなければならない。それは、人材マーケットプレイスなどのツールの全社への浸透と歩調を合わせて進めなければならない。それが新しいワークOSによる混乱を避け、組織の戦略、目的、文化と一貫性を保たせるための鍵である。

一方、現場のリーダーの仕事は、これまでと同じように自分の部署の目標を設定し、最適化し、従業員のニーズや要望に応えることだ。だが、それを遂行するときに使うのが、分解されたタスクやプロジェクト、従業員のスキルや能力だということだ。彼らは、プロジェクトをタスクに分解し、分解された能力によって部下をチームに編成してタスクを達成するプロジェクト・リーダーへと変わっていく。

個人は固定的な職務と階層のなかで特定のリーダーに専属することはなくなる。新しいワークOSを全面的に採用した組織では、仕事と従業員は自由に移動し、リーダーやマネジャーは、ユニットや組織全体のゴールを達成するためにチームを自在に編成する。

それはリーダーやマネジャーにとって、身を隠す場所が少なくなり、部下から見られる機会が増えることを意味する。彼らは肩書きや資格によってではなく、実績や人柄によって語られるようになる。リーダーはこれまでどおりのリーダーシップ・スキルをさらに強化しながら、そこに新しいスキルを追加しなくてはならなくなる。

新しいワークOSは、一見すると人間的な要素を排除するように見える。しかし、実はリーダーの人間的側面の重要性を高める。それが、ほどほどに良い組織と偉大な組織を分ける。リーダーは仕事と人を分解し再構築することによってつくられる短期的チームを編成し、選び、評価し、育て、動機づけ、パーパスとの整合性を明確化する。それができるリーダーが組織を成功させることができる。

これからのリーダーには、仕事を絶えず改革し、効率的なチームをすばやく構築し、人間とテクノロジーを融合させるという、人間にしか発揮できないリーダーシップに秀でることが求められる。[*14]

チェックリスト

①革新的なワークデザインをどこで試すのがよいか、最良の範囲を特定したか？
②アジャイル・イノベーションに用いたツールとプロセスを、ワークデザインに適用したか？
③コンサルティング・ファームが行っている人員配置手法をまねるとしたら、自社のどの部門がふさわしいかを検討したか？
④従業員がどんなワーク・クラフティングを行っているかを理解し、それを新しいワークOSに組み込むことができるシステムをつくったか？
⑤マネジャーと従業員の両方に、ワークデザインについて交渉するときに役立つ、双方に利益をもたらすツールを提供したか？
⑥リーダーやマネジャーが従来の職務依存リーダーからプロジェクト・リーダーに進化するよう導き、そのために必要なツール、コンピテンシー、価値観を身につけさせるべく支援しているか？

Chapter 7

プラットフォーム・ワーカーを守る

報酬・社会保障・能力開発・交渉力

The New Work Operating System beyond the Organization

公共政策と新しい働き方のOS

これまでの章では、組織内の問題として新しい働き方のOSを論じてきた。本章では、新しい働き方を実現するためには、組織の外で何が必要かを論じる。特に、社会政策、公共政策、外部のステークホルダーに関わる政策と問題について考察する。

公共政策と企業のワークOSはクルマの両輪である。ワークOSが新しい働き方を促進する公共政策を必要としているように、政策も新しいワークOSを必要としている。

今後、新しい働き方は否《いや》が応《おう》でも広がっていく。[*1] この先数年に限れば、少なからぬ仕事が――大半の仕事かもしれない――これまでどおりフルタイムの従業員によって進められ、管理され、それを前提にした規則に従うのかもしれない。つまり雇用の傘と枠組みのもとで、雇う側のニーズも雇われる側のニーズも満たされるという前提のもとで進められるのかもしれない。しかし、そんな状況はやがて終わる。

最終的には、仕事の多くは分解されたタスクの集合になり、労働者の多くは、特定の仕事に自分を当てはめる必要から解放され、分解された力量(スキル、能力、知識)をあちこちで自在に応用するかたちで職場との関係を保つようになるだろう。

本章では、仕事を媒介とするさまざまな社会的関係をシームレスで効率的、公平で透明性のあるものにするための社会政策にとって、「脱構築」という考えがいかに重要かを説明する。そのような価値を追求する社会政策が推し進められれば、伝統的なフルタイム雇用も新しい働き方の特徴を帯びていくことになる。仕事の基本単位を職務《ジョブ》からタスクに分解し、従業員や独立業務契約者を能力の集合に分解することによって、従来のジョブベース方式ではとうてい対応できない洞察と選択肢を得ることができる。

世界経済の変化とプラットフォーム・ワーク

イントロダクションで、事実上すべての社会システムは、仕事はかたまりとしての職務、働いているのは企業に雇われている従業員という前提の上に成り立っていると述べた。私たちは、失業問題の解決を企業や政府、社会に求めるが、古き良き時代の〝良い仕事〟を維持したり取り戻したりすることは、ますます非現実的になってきている。〝昔から続いている良い仕事〟というのが、昔とはまったく異なる経済条件のもとで無理やり延命しているような仕事であることは珍しくない。

たとえば、市場や自然環境のことを考えれば、これからも石炭採掘の雇用を維持するというのは非現実的だ。コロナ・パンデミックは大規模なレイオフとリストラを加速した。労働者の雇用を守るには、職業訓練を行って再配置する必要がある。それに加えて、労働者の側に、仕事の場所や就労時間をもっと柔軟に選びたいという欲求が高まっている。こうした状況には、プラットフォーム上のタスクとして組織化されたオンデマンドワークがより良く対応できるかもしれない。[*2]

仕事を雇用関係だけで捉えていたら、このような問題を解決することはできない。良いプラットフォームが必要だし、プラットフォームの存在を知らせ、使いやすくし、そこから得られた気づきを生かす社会システムが必要だ。

仕事と個人の結びつきを固定的に扱うと、仕事のエコシステムの変化に対応できないばかりか、所得、医療、権利主張、退職後の生活資金といった労働者のニーズを満たすこともできない。

こうしたニーズは、プラットフォーム・ワーク〔デジタルプラットフォームを介した業務契約に基づいて、顧客（発注者）に労務やサービスを提供すること〕の設計を工夫することによって、適切かつ効率的に満たすことができるかもしれない。あるいは、仕事から完全に切り離し、雇用と関係のない社会的セーフティネットとして提供できるかもしれない。いずれにせよ、その方向で進めば、新しいワークOSの実験にさらに大きな推進力が加わるだろう。

世界経済フォーラムの提言

世界経済フォーラムが望ましいプラットフォーム・ワークの原則をまとめた憲章は、世界的な提言機関が新しい形態の働き方の重要性に注目しはじめたことを示している。その内容は、今後の政策立案にとって大いに参考になる。

プラットフォーム・ワーク憲章（世界経済フォーラム）

❶多様性とインクルージョン

プラットフォームは、多様な労働者を包摂し、多様な労働者に利用されるよう努めるべきである。あらゆる国、宗教、ジェンダー、性的指向、民族的背景を持つ適格な参加者を奨励すべきである。もちろん障がいを有する人びともそこに含まれる。

❷安全とウェルビーイング

プラットフォームは、労働者を健康と安全を脅かすリスクから守るために、働く場所と働き方の態様に応じて適切な方針またはガイドラインを有し、労働者の身体的・精神的な健康を保護し促進するよう努めなければならない。プラットフォーム・ワークの使用者やクライアントは、この方針とガイドラインを認識し、遵守しなくてはならない。

❸公正で融通のきく処遇

労働条件は隠し立てなく明確に記載され、理解しやすく入手しやすい形式で労働者に提供されなくてはならない。登録を無効化する際の根拠と手続きは明確でなくてはならない。プラットフォーム上での自らの取り扱われ方に異議がある労働者のために、異義申し立てのプロセスが確立されていなければならない。その際、労働者が関係者から適切な支援を受ける方法も確立されていなければならない。秘密保持が尊重されなくてはならない。アルゴリズムの利用においては、人間による説明責任と透明性の担保が重視される文化を促進すること、アルゴリズムの設計においては、公正の促進と差別の排除を優先することが保証されなくてはならない。

❹適切な給与と報酬

労働者が仕事を引き受けるかどうかを決定する際、対価として何が得られるかについて、すべてが完全に明らかにされていなくてはならない。最低賃金基準が存在する場合、従業員《エンプロイー》に区分される労働者には、その法的管轄地域において定められている最低賃金が支払われなければならない。賃金は実働時間に比例し、仕事の態様に応じて合理的な経費が加算されなくてはならない。労働者が提供する労働の対価を労働者自身が設定する場合には、それを市場動向に照らして行うことが認められるべきである。

❺社会的保護

政府とプラットフォームは協力し、労働者が包括的な社会保障や給付を利用できるよう努めるとともに、その存在を周知させなくてはならない。社会保障や給付は、労働者の個々のニーズと当該地域の実情に合致し、信頼でき、手続き可能なものでなくてはならない。その際、労働者の意見とニーズを考慮すべきである。従業員ではない労働者に対しては、このような給付の利用をプラットフォームが支援できるよう、必要なルールの変更を行わなくてはならない。

❻学習と能力開発

プラットフォーム・ワークは、個人の専門的能力の開発を奨励し、可能にするものでなければならない。すべての利害関係者——とりわけ政府とプラットフォーム——は、労働者が手頃な費用で利用できる教育および能力開発プログラムの提供に努め、労働者の専門的能力の開発を支援しなくてはならない。

❼発言と参加

労働者はプラットフォームのガイドラインや慣行についての意見をプラットフォームに表明することができ、プラットフォームはそのような議論に適したプロセスやチャネル、フォーラムを労働者に提供する必要がある。労働者とプラットフォームのユーザーやクライアント、あるいは他の労働者とのあいだでトラブルが生じた場合、プラットフォームは、それを合理的な時間内で解決するために、労働者が透明性と責任のあるメカニズムを利用できるようにしなくてはならない。

❽データ管理

労働者には、自らのプラットフォーム利用の完全な履歴と、該当する場合は総合評価を、読みやすく、理解しやすく、受け渡し可能な形式《フォーマット》（法的要件と技術開発状況に照らして適切なもの）で閲覧できる手段が提供されなくてはならない。

“Charter of Principles for Good Platform Work,” World Economic Forum, 2018, http://www3.weforum.org/docs/WEF_Charter_of_Principles_for_Good_Platform_Work.pdf

プラットフォーム・ワークの社会的課題

仕事の解体という大原則の上に構築されたプラットフォーム・ワークには、疎外された労働者や貧しい労働者を労働市場のなかに招き入れるという社会的利益をはじめ、重要な意義がある。仕事をタスクに分解して伝統的な雇用の概念を乗り越えることは、柔軟な働き方、労働力の地理的多様性、置き去りにされていた人びととの労働力に対する需要の掘り起こし、所得の引き上げ、労働需給のマッチング改善、透明性の高い正式な労働条件、対価の支払いに対する信頼性などの鍵となる。

新しいワークOSは、従来型雇用でも、あるいは新旧の雇用方式がミックスしている状況でも機能するが、その利点と課題の多くは、なんと言ってもプラットフォーム・ワークのレンズを通して見るときに最もよく理解できる。したがって、現在の社会政策がプラットフォーム・ワーカーの経験をいかに制限しているか、新しい政策によっていかに改善しうるかを考えるのは、大いに意味のあることだと言える。

「プラットフォーム・ワーク憲章」を発表した世界経済フォーラムは、プラットフォーム・ワークの世界が抱える次のような課題も指摘している。[*3]

福利厚生と社会的保護

プラットフォーム・ワーカーは独立業務契約者に分類されることが多く、給与所得者のようなセーフティネットや、休日勤務手当、傷病手当、失業保険、年金などの権利や福利厚生がない。プラットフォームは、伝統的な雇用の文脈でなければそのような福利厚生を提供できないという制約を受けている場合がある。

合理的な対価

低スキル業務の主要な課題は、妥当な生活水準を維持できる収入を提供できるかということである。プラットフォーム・ワーカーは独立業務契約者に分類されることが多いため、最低賃金法の適用を受けないことが多い。

意欲と尊厳

プラットフォーム・ワークは、特定のタスクを処理するだけのコモディティ・ワークとなりがちで、平凡で反復的な仕事に限定されていく可能性がある。

セキュリティ

仕事量の増減にともなうリスクを、消費者、プラットフォーム、労働者が、適切なバランスで共有する必要がある。従来の雇用関係では、たとえば労働需要が少ない時期のリスクは雇用主が負い、労働者には仕事がなくてもある程度の賃金が支払われる（短期・中期的）。だがプラットフォーム経済では、そのリスクはおもに労働者が負う。セーフティネットもないことが多いので、リスクはさらに大きくなる。しかもプラットフォーム・ワーカーは、プラットフォームから排除されないための適切な保護を受けていないことも多い。

能力向上

プラットフォーム・ワーカーには、リスキルやスキルアップの機会、さらには仕事を通じた訓練の機会が与えられていないことがある。特に急速な技術革新が進む第4次産業革命においては、エンプロイアビリティを維持するために継続的なリスキルとスキルアップが必須なので、その問題は深刻である。

意思表明と権利主張

プラットフォーム・ワーカーは、多くの社会において、企業や社会に声を届け、重視させ、権利を尊重させるための伝統的な手段（たとえば団体交渉や団体行動など）を利用できないことが多い。

パワー・バランス

労働やサービスのプラットフォームが成功するためには強力なネットワーク効果が必要だが、プラットフォームにパワーが過度に集中すると労働者の状況が悪化するおそれがある。

次に、流動的な労働エコシステムと新しいワークOSにとって重要な、グローバルな政策と社会的課題について考えてみよう。そして課題のそれぞれについて、仕事を分解することの大切さを指摘したい。繰り返しになるが、社会政策がプラットフォーム・ワークを難しくしている状況を知り、それを改善するための政策を考えることには啓発的な意味がある。

伝統的雇用を超える労働「文化」と「エンゲージメント」

非伝統的な態様で働く労働者が仕事に感じる満足度やエンゲージメントは、伝統的な雇用関係のもとで働く従業員より高いのだろうか？　ウェイン・カシオとジョン・ボードローは、その問題を扱った学術研究のレビューを行った。[*4] 以下は、仕事に臨む態度やモチベーションについて、フリーランスまたは臨時雇用労働者と通常のフルタイム労働者を比較した主要な研究の一端である。

72件の研究（対象となった労働者は合計23万人を超える）をメタ分析したところ、平均して、臨時労働者は固定的に雇用されている従業員よりも仕事の満足度がわずかに低いが、労働の種類によってその程度は異なることがわかった。[*5] たとえば派遣従業員《エージェンシー・ワーカー》は仕事の満足度が低いが、独立業務契約者にはそのような傾向はない。

ヨーロッパの一時雇用労働者《テンポラリー・ワーカー》を対象とした調査では、一時雇用という契約形態は、雇用不安、仕事への満足度、組織へのコミットメントとのあいだに直接の関連性は認められなかったものの、雇用不安は契約の満了日が近づくほど高まることがわかった。[*6]

オーストラリアの派遣労働者の全国サンプルを対象とした大規模調査では、派遣労働者は雇用保障と労働時間についてはフルタイム従業員より満足度が低いが、賃金については同程度に満足していることがわかった。*7

ある電気通信会社で行われた研究では、米国の6つの拠点で同じ仕事をしているフルタイム従業員と臨時雇用従業員《コンティンジェント・ワーカー》を比較したところ、臨時従業員のほうが、雇用の安定度が低いことを自覚しているにもかかわらず、「タスク・アイデンティティ」（仕事の完結性と結果の可視性）が高く、実際に結果がはっきり見えるために、モチベーションが高いことが判明した。*8

派遣労働者のエンゲージメントを高める方法

このように、明らかにされた事実はさまざまだが、臨時労働者のエンゲージメントを高める方法については、いくつか共通するパターンを読み取ることができる。

- 一時雇用の労働者は、派遣会社経由の契約であれ直接契約であれ、無期雇用（終了期間の定めのない労働契約）を希望しているが、独立業務契約者は有期雇用を好む。
- 自発的に一時雇用を選択または希望した人は、仕方なく一時雇用を選んだ人よりも、仕事においてポジティブな経験をしている。
- 同僚や上司からの精神的サポートは、臨時労働者のコミットメントと正の相関がある。その精神的サポートが派遣元企業からのものでも派遣先企業からのものでも、同様の効果がある。派遣先企業でサポートされていると感じた労働者は、自分をそこに派遣した派遣元企業へのコミットメントを高めることもわかっている。

●労働契約をたんなる取り引きや経済的交換としてではなく、社会的あるいは感情的な次元も含む「心理的契約」と認識している労働者は、勤務時間の延長を厭《いと》わず、同僚を助け、変化に協力するなど、契約の定め以上に働く傾向がある。契約期間の延長や正社員化の可能性があるなど、勤務先企業と永続的な関係が期待できる場合、フルタイム従業員と同様の心理的契約の意識を持つようになる。

●契約期間の継続や正社員化への期待は、心理的契約の認識がもたらす効果以上に、労働者の態度やパフォーマンスと強い正の相関がある。そのような可能性と期待がある労働者は、フルタイムの同僚従業員より、上司や同僚に対してポジティブな態度を示し、パフォーマンスも高いことがわかっている。[*9]

以上のことから、新しいワークOSとプラットフォーム・ワークの組み合わせは、適切に設計されるなら、労働者から高いエンゲージメントとコミットメントを引き出せることがわかる。企業と個人の双方にとって望ましい働き方の文化は、必ずしも伝統的な雇用関係に限定されないと結論づけても間違いはなさそうだ。

先進的なフリーランス・プラットフォーム

プラットフォーム・ワーカーとそのエコシステムは、すでにコミュニティをかたちづくり、心理的契約、新しい勤労文化、そして自己規制的な市場メカニズムを定着させつつある。

その一例が、世界最大のフリーランス・プラットフォームの1つであるアップワーク（Upwork）だ。アップワークの前CEOであるステファン・カスリエルは、アップワークのコミュニティをスポーツ・リーグになぞらえて、たとえ優秀な選手がそろっていても、初顔合わせのメンバーでチームを編成するだけでは（これが一般的なパターン）強いチームはできない、と指摘している。[*10]

カスリエルは、毎回顔ぶれが変わる偶然の編成ではなく、違うプロジェクトであっても同じメンバーが繰り返し集まる仕組みができれば、より良い共同作業ができるようになり、最終的にクライアント企業に対して良い仕事を提供できるようになると考えている。

そのような認識のもとで、アップワークの顧客企業はフリーランサーのプールを構築している。同社のプラットフォームの特徴は、クライアント企業が自社だけのためにマーケットプレイス全体の厳選版を構築できることだ。つまり、1200万人を超える労働者のプール全体から人を選ぶのではなく、すでに絞り込まれた数十人、数百人のなかから選ぶことができるのである。そのようなフリーランサーは当該クライアントの仕事を繰り返すことになり、どんな結果を出せば満足してもらえるのかを理解できるので、それが好条件につながっていく。

カスリエルは、フルタイム雇用の知識労働者にとって所属企業の状況が重要であるように、フリーランサーにとっても勤務先企業の状況は重要だと指定する。アップワークのクライアントのなかでも、その点ですぐれている企業は、会社の現状を意識的にフリーランサーに知らせている。利害関係者を紹介したり、彼らの期待を知らせるなどして、フリーランサーをソーシャルネットワークに招待し、輪のなかに加えるといったことも心がけている。

ほとんどのクライアントは、フリーランサーに対していつどの程度関わるのが適切かがわかっていないため、フリーランサーは最良の結果を出すことができず、満足度も低くなり、もういちどそのクライアントと仕事をする可能性も小さくなる。

プラットフォーム・ワーカーのネットワーク化[*11]

新しいワークOSが企業の概念を変える可能性、あるいは企業と外部システム（労働者、社会、経済など）の関係を変える可能性は、企業という組織をソーシャル・ネットワークと考えればよくわかる。

数十年前から、組織ネットワーク分析（ONA）を使用して個人間の相互作用の程度と性質を測定する研究が行われている。[*12] この測定によって数学的分析が可能になり、個人をノード〔結節点〕

で示し、個人間のつながりを線で示す、いまではおなじみのソーシャルネットワーク・マップを作成することができるようになった。

このマップは、頻繁な交流によってチームを自然発生させる人びと、分断されている文化を結び合わせる人びとの〝境界を越える〟価値を可視化する。また、階層構造によっては見えない社会的インフルエンサー、率直な交流を阻害しがちな〝強い絆《ストロング・タイ》〟ではなく自由な情報の流れを促す〝弱い絆《ウイーク・タイ》〟の価値などを特定するのにも役立つことがわかっている。

ロブ・クロス〔ネットワークとリーダーシップのコンサルタント〕らの研究によると、ほとんどの組織では、構成員の3～5％によって付加価値の高いコラボレーションの20～35％が実現していることがわかった。[*13] ところが、最も洗練された企業でも、そして全従業員を対象にONAを行っても、そうした重要なプレーヤーのおよそ半分は見逃されてしまう傾向があるという。

新しいワークOSでは「ネットワーク」の重要性が増す。労働者は雇用された従業員だけではなくなるし、彼らのあいだの相互作用は、所属や職務よりスキルや能力、実務関係に基づくものになるからだ。このネットワークには、プラットフォーム・ワーカー、フリーランサー、独立業務契約者など、従来の組織の括りの外にいる労働者が含まれることが増えるだろう。だが、そうした社外の労働者まで含めてONAを行っている企業はめったにない。

企業は自社の労働力全体――従業員、契約社員、派遣労働者、フリーランサー、ボランティアなど――を把握する新しいシステムを構築するために試行錯誤している。しかし追跡しているのは一般的には人数、スキル、プロジェクトの割り当てだけで、従業員を昔ながらの組織図で管理しているのとあまり変わらない。

だがONAは、従業員についてだけでなく、それ以外のさまざまな態様の労働力についての洞察も提供することができる。その意義は以下のとおりだ。

●フリーランサーや独立業務契約者の報酬は、スキルレベルと実際のパフォーマンス、そして顧客の評価に基づいて設定されるのが一般的だ。彼らのネットワークの質は、正規従業員の場合と同様、パフォーマンスに影響を与える可能性が高い。

従業員の場合、パフォーマンスを左右するのはネットワークのサイズではなく、つながりの質と相互性であることが研究によってわかっている。[*14] 雇用をともなわない労働力についても同じことが言えるとすれば、企業はフリーランサーや独立業務契約者などについても、ネットワークの実態と質を測定する必要がある。

●ONAは、目立たない場所にいてスキルもリソースも眠ったままの従業員と、中心的な存在で燃え尽きかけている従業員を明らかにすることができる。非従業員についても同じことができて、会社のネットワークに参加させられれば大いに活躍してもらえそうな人や、これまでは成績優秀だったが負荷のかけすぎが心配な人を特定することができる。

●ONAによって、新人は〝プッシュ〟で自分を売り込むより、〝プル〟をつくり出して相手に必要な存在と思ってもらうほうが成功しやすいことがわかっている。[*15] だとすれば企業は、非雇用労働者が重要な社内ネットワークにつながって欲しがられる存在になるように励まし、手助けするのが有効だと言える。

ONAによって、勤続2~3年以上たった従業員はネットワークを広げる必要があることがわかるが、非雇用の従業員についても、何度かその会社の仕事をやり遂げたら、次はネットワークを拡大できるプロジェクトに参加することを奨励されるべきだということがわかる。

仕事の世界の共通言語

労働力が自在に行き来するワーク・エコシステムを実現するための基本条件は、労働者の能力と求人要件を透明性のあるかたちで容易に識別でき、マッチングできることだ。仕事の分解が進むにつれ、マッチング作業は指数関数的に複雑になる。そこで必要になるのが、分解された仕事と個人の能力をつなぐ言語、つまり、労働者と企業が使う共通言語だ。究極的には、世界をひとつにする普遍的な翻訳とマッチングのプラットフォームないしシステムということになる。ジョン・ブードローは「仕事のロゼッタストーン」という言葉でそれを表現した。[*16]

能力が職務と現職者《ジョブホルダー》に埋め込まれている場合、必要な能力と提供可能な能力の識別とマッチングは、企業の人事システムのなかで行われることになる。労働需要は求人情報として表され、その職務に含まれる一連のタスクのすべてをこなせる能力（あるいはほぼこなせる能力）を持つ従業員や社外からの応募者によって満たされる。

流動的なワーク・エコシステムでは、仕事はタスクで、個人は持っている能力で表現されることが求められる。それができれば、従来の理解によれば職務に必要なすべての能力を持っていなくても、分解されたタスクなら十分こなせる能力を持つ個人を特定することができる。そこには「隣接能力」を持つ個人、つまり、必要な能力の80％を有していて、残りの20％はオンライン・トレーニングやコミュニティ・カレッジ、企業研修、ＯＪＴなどで身につけられるという個人も含まれる。

このような人材を発掘できる求人ネットワークを拡大すれば、必要な資格を１００％備えていて、従業員として組織に加入する意思を持つ候補者を探すより、利用可能な働き手のプールを大きく広げることができるかもしれない。

アマゾンとネットフリックスとグーグルを合体させたプラットフォーム

第４章で述べたが、タスクに分解された仕事と能力に分解された個人をマッチングさせるには、仕事と個人をかたまりのまま対応させる場合より、はるかに細かい翻訳と照合のシステムが必要になる。分解したタスクはおろか、かたまりのままの仕事さえ単純に比較するのは難しい。軍隊に限っても、「事務下士官《ヨーマン》」という同じ用語が、海軍と沿岸警備隊では違う仕事を意味していることを思い出してほしい（155ページ参照）。

小売業の「店頭販売員《リテール・アソシエイト》」のように簡単にイメージできそうな仕事でも、会社や取扱品目によっては非常に異なる作業を含むことがある。したがって、タスクとスキルや能力を追跡できるような国レベルもしくはグローバル・レベルのシステムは、現在存在するどんなシステムも超える複雑さを扱うことになる。

そこで私たちがイメージしているのは、アマゾンとネットフリックスとグーグルを合体させたようなプラットフォームだ。そこでは、仕事に関連するなんらかのやりとりが発生するたびに、ＡＩ翻訳機と最適化アルゴリズムが自動的に、個人の資格だけでなく、組織全体のどこかで生かせるかもしれない隣接能力や能力開発パス、過去に完遂した仕事やプロジェクト、自己表現までのすべてを解釈してオントロジー〔事物や概念、関係性、特性などをコンピュータが理解できる形式で記述したもの〕を構築する。

突拍子もない話のように聞こえるだろうか？　それを言うなら、本から野菜まで、ありとあらゆる商品の特徴とありとあらゆる個人の欲求を結びつけるという、指数関数的に拡大する複雑さについても同じことが言える。しかしアマゾンは、その複雑さに挑むことに現実的な実用性と市場価値があることを証明してみせた。

グーグルはすでに、「退役軍人のための仕事」とタイプするだけで、歩兵隊長にふさわしい仕事（配送センター長、オペレーションマネジャー、トレーニングマネジャーなど）が表示されるオンライン翻訳と検索エンジンを実現させている。

このようなツールは、おそらく最初の一歩にすぎない。新しいワークOSを理解すれば未来を予測する方法が手に入る。

このようなツールあるいは体系的把握は、政策立案者、労働と雇用の規制当局、政府、企業経営者、労働者集団、そのほか労働の流動化を支える公平で効率的なワークシステムに関心を持つ人びとにとって、きわめて重要な意味がある。

このようなプラットフォームにおいては、だれがデータを〝所有〟するのだろう。このようなプラットフォームの構築へと突き進む市場は、最終的に単一のプレーヤー（たとえばグーグルやアマゾン）に集約されるのだろうか？　それとも、グローバル・コミュニティが投資することによって、世界中の雇用者と求職者が利用できるオープンソースのシステムが誕生するのだろうか？

すべての労働者が守られる保険医療制度

世界経済フォーラムは、ユニバーサル・ヘルス・カバレッジ（ＵＨＣ）を「すべての個人とコミュニティが必要な医療にアクセスできること」と定義している。ＵＨＣは、医療の無料化を意味するものではない。だれであれ自己負担能力がないために医療サービスの利用が制約されてはならず、「破壊的な医療費支出」（世帯収入の30％以上の医療費支出）のリスクから守られるべきであるという意味だ。[*17]

世界経済フォーラムは、2030年の時点で、世界で最も貧しい54カ国において、UHCの実現に必要な資金が年間約1760億ドル不足し、医療費の20〜40％が効果をあげず、人びとは医療費の自己負担に年間5兆ドルを支出し、そのため1億人が過酷な貧困に追い込まれると推定している。

どうすれば各国は無駄をなくし、医療の質と労働の流動性を向上させることができるのだろう。世界銀行グループは、4つの優先事項を提案している。[*18]

- 安価で質の高いプライマリー・ヘルス・ケアへの投資を強化すること。しっかりした初期医療の上に築かれた医療システムは効率的かつ公平で、人びとの健康にとって大きな価値がある。早期発見と早期治療に資源を投入することは、救命効果を高めるだけでなく医療費を削減する。
- 民間部門を巻き込み、保健医療の資金調達と提供のための新しいモデルを実行可能にする。
- 直接的な健康増進策によってだけでなく、教育や社会サービスや雇用を拡充させることによって健康を改善し、コミュニティを支援する。
- 医療と健康に関する政策のための資金の使い方を変え、同じ資金でもっと良い成果を得られるようにする。

プラットフォーム・ワーカーのための医療について、世界経済フォーラムは、「法的には医療関連の受給資格を満たしていても、実際には支援を受けていないプラットフォーム・ワーカーがいる」と指摘している。[*19] EU圏のプラットフォーム・ワーカーの最大70%が、保育や住宅給付などの制度を利用できていないという報告がある。[*20] 労働者が利用するプラットフォームを変えたとき、受給資格に関わる記録の連携が取れないことにも一因があると思われる。さらに米国の保険制度のもとでは、独立型労働者《インデペンデント・ワーカー》は、中小零細企業の従業員と同様、大企業の従業員より医療費負担に関して不利な扱いを受けているという問題もある。

UHCはメリットもコストも複雑で、長年のあいだに形成された制度上の障壁も存在する。特に正規雇用と結びついた医療給付制度が定着している国ではその問題が大きい。それでもUHCは、欧米の先進国でも貧しい国でも費用対効果が高く、成功していることが証明されている。開発途上国におけるUHCの取り組みを分析したある研究は、次のように結論づけている。

UHCの実現に向けて真剣に取り組むなら――一歩踏み出すだけでも――大きな見返りが得られる。それは見逃しようがないほど明確な事実である。

さまざまな研究によって明らかになった成功の条件には、UHC実現に向けた強い政治的意志、可能な限り多くの人口をカバーする実効性のある初期医療と予防医療、医療および公共サービスの徹底した管理、全員に提供される学校教育などが含まれる。

そして、おそらく最も重要なのは女性の参加だ。保健と教育を推進するために、いま開発途上国で通常行われているような次元を超えて、女性の参加を促さなくてはならない。[*21]

長年にわたって医療費の公的負担を雇用と結びつけてきた米国でも、プラットフォーム・ワーカーやギグワーカーに健康保険を提供するイノベーションが生まれつつある。ストライド・ヘルス(Stride Health)は、このような労働者が医療プランを検索し、登録するのを支援するアプリを提供している。医療費負担適正化法《アフォーダブル・ケア・アクト》は、政治的に議論はあるが、幅広く米国の労働者と居住者に医療保険を提供し、UHCとのギャップを埋めようとする試みである。

仕事と労働者を分解したうえで組み合わせる新しいワークOSが、ますます仕事の世界に広がるにつれ、UHCの利点もより明白になり、将来の労働者にとって不可欠なものとなっている。

ユニバーサル・ベーシック・インカムをめぐる議論

ここ数十年、「ユニバーサル・ベーシック・インカム」(UBI)というアイデアが注目されている。ある集団のすべて、または特定の個人に、政府が定期的な現金給付を行うというプログラムで、働いていなくても受給できるし、所得制限もない。[*22]

それと関連するが異なる考え方として「所得保証型《ギャランティード》ベーシック・インカム」（ＧＢＩ）がある。これは最低所得水準を定め、所得がそれを下回る個人には、その最低水準まで引き上げるための補助金を与えるというものだ。

ベーシック・インカムの考えには賛否両論あるが、仕事の自動化の影響が明らかになっていくなかで、米国大統領選挙の候補者の一人であるアンドリュー・ヤン〔２０２０年民主党予備選挙候補者〕が重要政策として掲げたこともあって注目を集めた。

ヤンは、テクノロジーによって労働者が危険で、反復的で、退屈な仕事をやめることができるのはいいことかもしれないが、その結果、米国人が収入源を失ったら――食べ物を買ったり、家を買ったり、教育資金を貯めたり、安心して結婚や出産ができなくなるとしたら――明るい未来に影が差す可能性があると指摘し、ベーシック・インカムの導入を訴えた。ヤンは、２０１９年の労働参加率〔生産年齢人口に占める労働力人口の割合〕は62・7％にすぎず、自動化やその他の技術が実用化されれば、さらに低下する可能性があると指摘した。

ヤンは自動化の恩恵をより多くの米国人が享受できるようにするため、付加価値税を財源とする「自由の配当《フリーダム・ディヴィデンド》」を提案した。これによって基本的な所得が保証されれば、国民はより良い仕事を探し、ビジネスを始め、学校に戻り、家族の世話をし、次のチャンスに向けて努力することができると述べた。[*23]

2020年に始まったコロナ危機による深刻な経済恐慌により、多くの国が、国民の暮らしを守るために前例のない規模で財政出動を行った。従業員を雇用しつづけた雇用者に給与補助を出したり、解雇された従業員の暮らしを支えるために追加的な失業給付を提供するなど、政策はしばしばUBIやGBIの性格を帯びた。そのため、コロナ危機勃発後、UBIやGBIのようなプログラムの可能性に大きな注目が集まった。

ロンドン大学の研究教授は、世界経済フォーラムに寄稿し、このような制度が満たすべき条件として次の4点を挙げた。*24

- 一回だけの単発支給にしない。
- すべての人に「暮らしに必要な資源を平等に与える」（障害者や社会的弱者はより多く受け取る）。
- 所得制限を設けない（働いて賃金を得たら支給が打ち切られるという矛盾をなくすため）。
- 支給は一定期間、または経済が測定できる回復を達成するまで保証され、停止されない。

新しい働き方とベーシック・インカム

コロナ・パンデミックとそれにともなう従業員への影響により、この種の議論の主眼は、失業したフルタイム労働者に対する政策の効果に論点が移った。しかし、この政策はそれ以前から、ギグ・エコノミーやプラットフォーム・ワーカーを扱う人びとに注目されていた。
２０１７年にオックスフォード大学の「ｉレイバー」プロジェクトが発表したブログ記事は、典型的な政策は、ギグワークを標準的な雇用形態に戻すことを求める傾向があるとしている。[*25] それに対して、ベーシックインカムは、仕事とは無関係に収入を保証することで安心感と将来設計を労働者に提供するという、異なる角度からのアプローチである。

さらに、それなりの額のベーシック・インカムは、労働者にいざというときの備えを提供することで、好ましくないギグワークを断る力を与える。つまり、ベーシックインカムは雇用者と被雇用者を遠ざけるのではなく、対等な立場での条件交渉を可能にするということだ。

仕事がタスクとスキルに分解された流動的なエコシステムが形成されると、労働はますます伝統的な雇用関係の外で行われるようになるだろう。労働者はごく小規模なビジネスを営む人びとや、有償サービス（家事や清掃など）を提供する労働者のような、世界銀行が「非公式労働者《インフォーマル・ワーカー》」と呼ぶ人びとに似た特徴を持ち始めるかもしれない。この点で、彼らは、一定の所得や保護を得られる伝統的雇用契約を結んでいる「公式労働者《フォーマル・ワーカー》」と、生活保護のような社会保障プログラムを利用している未就労者のあいだに位置づけられることになる。

低所得国にとっての新しいワークOSの可能性

同様に、低所得国にも膨大な数の見えない労働人口が存在する。新しいワークＯＳとプラットフォーム・ワークはそのような労働者をより完全に取り込むことができる。私たちは、世界有数の大企業やトップクラスのエンターテイメント・プロデューサーを含む顧客から仕事をもらっている、低所得国のプラットフォーム・ワーカーと出会うことが多い。彼らは、プラットフォームのおかげで能力を発揮する場が与えられ、人に知ってもらえたと語ることが多い。

その意味で、2020年に世界銀行がコロナの影響で苦しむ非公式労働者のために各国に推奨した内容は示唆に富んでいる。低所得国の労働者を募って働く機会を与えるためには、指導者や政策立案者は、これまで彼らに行ってきた融資のあり方を見直す必要があるというのだ。

世界銀行は、労働の多くがインフォーマルな態様で行われている低所得国では、民間企業の保護育成を目的とする政策は、労働者のごく一部にしか届かないと指摘した。そして、課税や賃金補助などの公式的な手段では効率的にカバーできない、ごく小さな事業者やその従業員が利用できる資金の直接融資を優先すべきだと提言している。

そのような少額の支援の対象は、商業銀行、マイクロファイナンス機関、デジタル融資プラットフォーム、企業のサプライチェーン、地方自治体、コミュニティ、その他さまざまな仲介者が決めることができる。ただし、そうしたプレーヤーを巻き込むには、融資を受けた者に責任を果たさせる仕組みや、支援や仲介にともなうリスク分担や損失補償などの対策が必要である。また世界銀行は、マイクロ企業と個人は区別が難しいので、支援はインフォーマル企業にではなく、非公式労働者に対する直接的な現金融資のかたちで行うべきだと指摘している。[*26]

米国で行われたベーシック・インカムの社会実験

米国では2021年に、ピッツバーグ（ペンシルバニア州）、コンプトン（カリフォルニア州）、コロンビア（サウスカロライナ州）、ジャクソン（ミシシッピ州）など米国のいくつかの都市でUBIの社会実験が開始された。

特にこれらの実験が興味深かったのは、貧困層全般を対象とする従来の方法に対して、意図的に特定の状況や問題を対象とする実験が多かった点だ。貧困以外に考慮された要因としては、人種的正義の追求や家族のニーズへの取り組みがある。具体的な狙いが何であれ、伝統的な雇用形態にとらわれず、分解された仕事を前提とする新しいワークOSに基づいて実験が構築されていれば、実現可能性が高かった。[*27]

以上をまとめると、UBIやGBIの実施や、プラットフォーム・ワーカーや零細ビジネスへの融資は、効果の面でまだ不明な点が多いものの、コロナ・パンデミックのような経済ショックによって社会サービスの恩恵にあずかっていない多くの人びとの不安定な立場が露呈したこともあり、今後も注目されそうだ。

仕事の脱構築の進展とともに、労働者が自分の能力や進みたい方向に適したタスクを選ぶための裁量権と労働力の流動性を高めるうえで、このようなプログラムがめざすべき方向についての議論はますます活発になっていくだろう。

プラットフォーム・ワークと労働組合

労働組合の未来はどうなるのか？　労働組合と労働者集団の問題は、ワーク・プラットフォームにも問いを投げかける。２０１５年、シアトルで成立した法律は、同市にウーバーのドライバーを代表する組合を選ぶことを義務づけたが、[*28] 米国商業会議所は「商取引の自由を阻害する」としてこの法律に反対し、[*29] 控訴裁判所はこの異議を認めた。[*30]

欧州労働組合研究所（ＥＴＵＩ）の論文は、プラットフォーム・ワーカーの意思の表明や権利の主張に関する西ヨーロッパの事例をつぶさに調査したものだ。[*31] それによると、20世紀初頭まで、プラットフォーム・ワーカーたちがモデルにしていたのは伝統的な職種の組合だった。このモデルは１９６０年代から70年代にかけてピークに達したのち、産業別組合に完全に取って代わられたわけではないものの、影が薄くなった。ＥＴＵＩは、複数の産業やサービスをカバーする労働組合や一般労働組合〔所属企業や職種を問わず加入できる〕のようなモデルが出現しつつあると指摘している。

プラットフォーム・ワーカーの交渉力

プラットフォーム型労働では、仕事は分解されたタスクから成り、しばしば出来高払いの部分労働で、私生活と仕事の境界があいまいになる。労働者が仕事のために身銭を切っても補償が不十分で、健康と安全のためのチェックがほとんどなく、監督も不十分であることなどから、搾取的性格を帯びる可能性がある。関連法規が整備されている国が少ないため、労働者には「制度的な力」（組合結成や団体交渉の権利）がない。

プラットフォーム・ワークでは、制度的な力に代わって「構造的な交渉力」が効果を発揮する可能性がある。構造的な交渉力は、労働者が独自のスキルを持ち、仕事から手を引けば生産プロセスを混乱させるだけの能力を持った場合に強くなる。

また、プラットフォーム・ワークの多くが補助的収入源（伝統的なフルタイムの仕事にプラスする副収入源である場合など）として行われている現状でも、ソーシャルメディアとの親和性が、しばしば少数の活動家の声を増幅させることがある。彼らは、不当と思う問題を訴えることで労働者を結集し、プラットフォーム・ワークの魅力を高める改革を実現することができる。

その一例がＥＴＵＩの論文に紹介されている。２０１７年と18年に西ヨーロッパ全域で、自転車による食品配達員が、時間給から配達件数ベースの支払いへの変更に抗議して、集団でプラットフォームから「ログアウト」した集団行動を紹介している。同論文は、プラットフォームが集団的な声の増幅機能をいくつか提供していることを指摘している。[*32]

●地域、国、世界にさえ届くほど拡大した個人のコミュニケーション・ネットワーク。

●ばらばらだった労働者集団が自己組織化されていく場を提供することで、集団としてのパワーを強めるとともに、従来の労働組合と提携して専門知識や組織力や資金力を獲得することができる（ドイツ最大の労働組合であるＩＧメタルは、２０１６年にプラットフォーム・ワーカーの加入を認めた）。
●消費者や規制当局に改革を迫るほどの、ソーシャルメディアを通じた世論への働きかけ。

本書は、今後ますます多くの仕事がプラットフォーム・ワークに移行すること、あるいは通常のフルタイム雇用さえますますプラットフォーム・ワークに似てくることを示した。したがって指導者、労働者、政策立案者にとって、今日のプラットフォームから、伝統的な雇用と組合の関係を超える権利主張の手段と発言力について学ぶことはきわめて重要である。

新しいワークＯＳでは、組合はさまざまな利点を提供することができる。企業は戦略的なアジリティを維持するために労働者の組織化に抵抗することが多いが、伝統的なワークＯＳのもとでさえ、組合は企業にメリットを提供することができる。

物流大手のＵＰＳは、チームスターズ（全米トラック運転手組合）の梱包荷物部門に加入している25万人以上の組合員ドライバーを擁し、世界中に荷物を配送している。ＵＰＳとチームスターズのあいだには軋轢がないわけではないが、彼らは80年以上も共に働いているし、ＵＰＳの上級幹部の多くは組合員ドライバーからキャリアをスタートさせている。この長く続く両者の関係は、組合が人員削減や勤務地変更といった困難な決定を受け入れてくれた場合に会社にメリットをもたらす。また組合は、労働者を支持してくれるUPSのために、有利な貿易、税制、その他の優遇措置を検討することを政策決定者に働きかけることができる。[*33]

ハリウッド・モデル

UPSとチームスターズのケースが、個別の企業が組合の協力を得ることの利点を物語っているとすれば、「ハリウッドモデル」は、産業全体が組合との関係から利益を得ていることを物語っている。映画産業は、重要な人材がすべて組合に加入している業務請負人という体制で、ほぼ百年間繁栄をつづけている。

エンターテインメント企業にとって重要な人材――俳優、監督、制作スタッフなど――は、映画俳優組合（SAG）や米国テレビ・ラジオ芸術家連盟（AFTRA）の組合員でもある業務請負人だ。そのため、企業が彼らを雇うときに管理の責任を負うのはHR部門ではなく、顧問弁護士や調達担当者である。

このようなきわめて重要な人材の管理を、映画会社のHR部門はなぜ人任せにすることができるのか？　ほかの産業なら企業のHR部門が個別に決めているルールが、ハリウッドではすべての組織と労働者が合意する労働組合との契約として体系化・標準化されているからだ。

たとえば、映画制作では、どんなシーンの撮影でスタント・ドライバーを使わなくてはならないかといったことまで、SAGとAFTRAの「スタントおよびセーフティ・ダイジェスト」に書かれている。[*34]

●車輪のいずれかまたは全部が走行路面から離れる場合。
●車のトラクション〔推進力〕が抜けるとき（横滑り、スライドなど）。
●視界不良時。

個々の雇用主がハリウッド映画の労働条件を成文化するのは馬鹿げている。制作スタッフには、雇用主が変わるたびに新しいルールを学んでいる暇はない。アダム・デビッドソン〔米国のジャーナリスト〕は、『マネー・ショート 華麗なる大逆転』の撮影現場をこう描写している。「そのときまでチームは一緒に仕事をしたことがなかった。……だが、特に話し合ったわけでもないのに、全員がすっと仕事に入って行けた。いつものようにそれぞれの持ち場に着いて、すべてがかみあったのだ[*35]」

そのすべてがHR担当者抜きに起こった。作品や会社が変わっても同じ仕事の進め方ができるのは、タスク単位でルールが決まっているからだ。ハリウッドでは労働組合が共通のルールを定めている。たとえば、「CAPSペイロール」は、映画やエンターテイメントのプロジェクトのための給与計算サービスだ。監督やプロデューサーが撮影中にリアルタイムで使える、ウェブベースのアプリケーションとして提供されている。[*36] このようなアプリケーションを可能にしているルールがハリウッドの組合規約というわけだ。

仕事が進化するにつれ、企業のHR部門のリーダーは、組合が新しい労働ルールの意外な源であり、共通の宝箱であることに気づくかもしれない。

伝統的な組合は、ここ数十年にわたり影響力が低下し組合員数が減少している。だが最近、グーグルのようなテクノロジー企業やアマゾンの倉庫労働者などのあいだで、労働者の集団的発言に対する欲求が高まり、伝統的な組合の組織化がふたたび進みはじめた兆しがある。さらに興味深いのは、新興のソーシャル・メディアを活用して不満に注意を向けさせる、新しいかたちの集団的発言力の顕在化である。

労働組合がなくても、労働条件や安全衛生、セクハラなどに関する労働者の話をソーシャルメディアや報道が取り上げれば、バイラルで拡散し、1人の声からでも広範な集団運動へと拡大させることができる。新しいワークOSが仕事、雇用主、資格といった伝統的な概念を解体するにつれ、組織も従来の組合も、従業員の声という基本的な概念を見直す必要が出てくるかもしれない。

プラットフォーム・ワーカーを支える教育の脱構築

新しいワークOSは、個人を1つの職務に固定された存在と見るのではなく、さまざまなタスクに対応できるさまざまな能力を持つ存在と見ることで、労働者に新しい光を当て、大きな力を与えることができる。

この新しい人間観は、企業と学校に、教育と仕事を結ぶ道筋についての考え方の変更を迫っている（第4章参照）。1つの学位の名称で表される教育から、さまざまな学習成果と身につけた能力によって表される教育へのシフトである。

その変化は、教育の理念や提供方法、そして学校と企業の関係をも根本から変える。大学やコミュニティカレッジのような教育機関は、何十年間も、学位のもとに束ねられた科目を提供するという伝統的な役割を堅実にこなしてきた。だが、このような固定的なシステムは、企業のニーズの変化への対応が遅れることが多い。

教育機関は教育サービスを受ける学生数に基づいて収益を得る。その教育は、学生が入学してから学位を取得するまで、物理的なキャンパスで提供されることが多い。教授やその他のスタッフは、学位付与の要件に適《かな》う授業を提供するために組織され、インセンティブが与えられている。

このような教育手法と目まぐるしく変化する企業のニーズのミスマッチを埋めるため、一部の大学では、独自の教育プログラムを、たとえば「アカデミー」などの名称で提供している。

教育と仕事をつなぐ革新的アプローチのなかには、AIを使って、学位やコースの名称を企業が要求するスキル要件に翻訳するようなプラットフォームも含まれる。地元の学校と地元の企業がパートナーシップを構築し、教育内容を企業が求める能力を提供できるものに変更するといった取り組みもある。

新しい働き方の課題と機会に対応する教育や生涯学習というテーマは、本書の範囲を越える。ここでは教育の脱構築がもたらす効果と課題を感じさせる、累積可能な資格証明《スタッカブル・クレデンシャル》という革新的なアイデアを紹介することにしよう（第4章も参照されたい）。

累積可能な資格証明

コロナ・パンデミックのさなか、ワイアード誌が、教育界で人気が高まっているアプローチを取り上げた。[*37] 大学、コミュニティカレッジ、その他の機関において、仮想学習やオンライン・クラスの提供が加速的に増加していることがその動向の背景にあるという。記事は、パンデミックがもたらした経済的苦境によって「マイクロ資格」が爆発的に勢いを増したことに触れ、「多くの人びとがふたたび仕事に就くために、ただちに、できるだけ安く、求人のある仕事に直接役立つ科目の教育を受ける必要が生じたためである」とその理由を記している。

累積可能な資格証明はまさにそのニーズに応えるものだ。大学が従来から発行している学位を、その学位に含まれる能力に分解して、能力ごとに細かく学習済みの証明を発行する。学生は企業に実務的能力としての学習成果を提示でき、企業は応募者（あるいは従業員）の学びを、会社が必要としている実践的能力に結びつけて把握することができる。

一括りにされていた学位をそこに含まれている能力に分解することは、人と仕事の正確なマッチングを可能にするだけでなく、変化するニーズに合わせて教育内容を柔軟に変更することをも可能にする。

最終的に、学生は十分な資格を積み重ね《スタック》て学位を取得することができる。しかもそのために、決められた教育内容のセットを、決められた順番で、一気にまとめて受ける必要はない。修了証書が分解されたことによって、学生は学位取得のための教育プログラムに自由に出入りできる。たとえば、資格の1つを使って仕事に取り組み、その後また学校に戻って資格を積み重ねるといったことができる。

ワイアード誌の記事に登場した学生はこう語っている。「卒業できなかった場合、これまでだと、〝2年間大学に通ったけど何の資格もありません〟と言うしかなかったけど、この資格証明があれば、〝これを見てください、私はこれを習得しました〟と言えるんです」。彼女はテクニカルサポート、クラウド技術、データ分析など需要の大きい資格を積み重ねながら、データ・マネジメントの学士号を取得した。

ワイアード誌の記事は、従来の大学課程に在籍する学生の4分の1以上が1年目で中退しているという全米学生情報センターの調査を紹介している。[*38] 1年生にとって学位取得は遥か先のことだ。学士号取得希望者の40%以上が6年かけても卒業できず、多くの学生が脱落していく。[*39] 学費が払えなくなったり、個人的な問題が発生したりすることで、あきらめざるを得ないこともある。在学期間が長ければ長いほど、空しく費やすことになる時間とお金が増える。

だが、学位取得までの道のりの途中で累積可能な資格を与えるなら、学生はその都度、学びを継続するモチベーションを強めることができる。最終的に学位を取得できなくても、就職（またはオルタナティブな形態での就労）に役立つ何かを得ることができるのである。細分化された資格を積み重ねていく学生は、1年で脱落する可能性は低く、最終的に学位を取得する可能性も高いという調査結果もある。

新しい教育エコシステムのための政策課題

新しいワークOSは、企業に対して仕事と人の関係を見直すことを求めるが、企業の外にある教育のエコシステムに対しては、教育と学習者を見直すことを求めている。教育エコシステムは、企業がワークOSを再考する際に直面するのと同様の大きな課題に直面している。

それを乗り越えるのは簡単なことではないが、企業のなかにある分解された仕事と従業員を、教育システムのなかにある分解された学位と学習者にマッチングすることができれば、両者にとって積年の難題を解決する絶好の機会になる。

この2つの課題を解決するには、累積可能な資格証明のようなイノベーションを支援するための政策が重要だ。中等教育後教育と経済的成功研究センター《センター・フォー・ポストセカンダリー・アンド・エコノミック・サクセス》のイヴリン・ギャンズグラスは、次のような政策課題を挙げている。[*40]

企業と教育機関が資格を語る共通言語をつくる

産業や職業の世界は個人の資格を仕事に使えるコンピテンシーで語るが、教育の世界はコースの修了を証明する学位で語る。企業と学校の言語が共通化されれば、分解されたタスクと能力という要素を適切に照合し、マッチングさせることができる。

「クロスウォーク」と呼ばれることもあるこの〝翻訳〟は、学生、教育者、求職者、政府が、ある資格が実際のところ何を意味しているのかを理解するのを助け、境界をまたいで資格の有効性を担保する。

教育機関のガバナンスを統合する

教育機関をどの機関が所管するかというガバナンス体制は、累積可能な資格の付与と連携〔教育機関間および学位間での移転〕のあり方に影響を与える。コミュニティ・カレッジ、4年制大学、初等・中等教育、成人教育、職業・技術教育を担うさまざまな機関を異なる政府機関が所管していたのでは、資格の持ち運びはおぼつかない。

同様の断絶は、州の統治機関のあいだ、地域の単位認定機関のあいだ、大学間、大学のカリキュラム委員会のなかにも存在するかもしれない。たとえば、短期大学士〔準学士〕や技術系専門教育の修了証書《ディプロマ》は、学士授与大学が発行したものでない限り、学士号取得のための単位に認定されないことが多い。

教育機関の内部および教育機関同士のあいだにある壁を取り払う

教育の世界には、学術教育と職業教育のあいだの壁、学問分野のあいだの壁がある。科目間にも完全な互換性があるとは限らず、ほかで取得された単位をどこまで認めるかは受け入れる側の決定次第なので、単位が認定されないこともある。

教育諸機関が、学問分野ごとに付けているコース番号の規則と割り振りを統合することができれば、複数の分野が格子状に交差する学際的なプログラムを提供しやすくなり、学生にとっても複数の進路から自分に適したものを選べる可能性が増える。

単位認定のあるプログラムとないプログラムの断絶を克服する

多くの職業訓練プログラムは、認定教育機関が提供するものでも、しばしば大学の単位や公的な資格と無関係に行われている。その多くは、学位に代表される煩雑で時間のかかる伝統的な学術的承認を回避するために行われている、そこで行き止まりのプログラムである。

学生には「事前学習評価単位《クレジット・フォー・プライヤー・ラーニング》」〔他の教育機関で取得した学習単位を移行先機関の単位とするプロセス〕を取得するという方法もあるが、複雑で費用がかかることが多い。この問題を解決するには、職業訓練と単位認定されないコース（成人教育や能力開発教育など）を組み合わせたプログラムの単位認定のあり方を変える必要があるかもしれない。

学位だけでなく分解された資格にも経済的支援を提供する

学費援助は、学期、コース、履修時間、学位といった伝統的な基準と結びつけて支給されることが多い。米国連邦政府からの補助を受けるには履修時間、週、単位の下限を上回る必要がある。ペル・グラント〔返還不要の奨学金〕は修了した学期数に基づいて支給される。高校卒業またはそれと同等の資格を持たない学生、ホームスクーリング〔学校に通わず家庭を拠点として学習すること〕で学んだ学生は、連邦政府による学資援助が受けにくい。

単位認定されない資格を提供する教育機関は、学生が確実に就職できるよう準備させる必要があるため、仕事や伝統的なキャリアを意識した教育に多くの時間が割かれる。ところが学費援助は、学位、卒業証書、修了証書につながる単位の150％までという上限があるので、学位取得プログラムではないが特定の職業には必要というコースを多く含む教育を受ける際に影響がある。

地域間の資格のあいだに一貫性とポータビリティを確立する

地域の求人ニーズに対応する資格を短期間で付与するという柔軟性を発揮した大学は、学生を労働市場に送り出すことができるが、その一方で、コースの内容や単位に大学間でばらつきが生じる。地域ごとのプログラムを国の標準と整合させれば、資格の一貫性とポータビリティが高まり、キャリア形成に役立つその後の資格につなげやすくなる。

教室、オンライン、現場での学習を統合する

教育機関による単位や資格の認定は、知識の習得、専門スキルの実行能力、それを特定の状況に適用する能力を評価して行われる。知識の応用は仕事を通じて学ぶのがベストなので、性質の異なる学習要素を適切に組み合わせるには、教授法やカリキュラムにインターンシップと短期実地研修《ワーク・アサインメント》（「学習ギグ」と呼ぶのが適切だろう）を取り入れる必要がある。

ここでも脱構築、翻訳、再創造が重要になるが、それを学位や職務のかたまりではなく、能力やタスクという細かいレベルで行わなければならない。

事実上すべての企業が、組織のアジリティを高めるためには個人のリスキルやスキルアップにしっかり取り組む必要があることを認識している。そして、事実上すべての雇用者と教育機関が、教育と仕事のあいだに強くて透明性の高いつながりが必要だと認識している。だが残念なことに両者は、学位と証明書によって教育を語り、所属と肩書きで仕事と人を語るという、伝統的な枠組みのなかでその必要を満たそうとしていることが多い。

脱構築と再創造に基づく新しいワークOSが、この課題に効果的に取り組むための新しい選択肢と機会をもたらすはずだ。

「人生100年時代」のライフシフト

リンダ・グラットンとアンドリュー・スコットは、著書『LIFE SHIFT――100年時代の人生戦略』(*The 100-Year Life*)のなかで、これからの人生は、これまでのように大きく3つのフェーズ（教育、仕事、引退）に区分されるものではなく、もっと短い多数の要素の組み合わせ――従来型の仕事、起業、追加的教育、並列する複数のパートタイムの役割など――に変わっていくと論じている。*41 そして、ゆとりある生活のための資金を蓄えるには、80代まで働きつづける必要があると指摘している。

65歳で完全に引退する生活を願っていた人にはうれしくない指摘かもしれないが、それは決して残念なことではない。グラットンとスコットは、「教育、仕事、引退のサイクルを繰り返しながら人生をつねに新しくしていけるなら、歳を重ねることで人生をますます充実させることができる」と言っている。

このように人生をつねに新しくしていくためには、「雇用」をタスクに分解された仕事と考え、「教育」を分解されたスキルと能力を獲得する機会と捉え、「引退」を仕事をあらたに創造する節目と捉えることが必要だ。

そのためには、労働者は雇われの身で特定の役割に縛られるのではなく、スキルと能力を自由に伸ばして成長する存在にならなくてはならず、仕事は単一の雇い主から与えられる職務ではなく、雇用と無関係に独立自営の立場で取り組めるタスクにならなくてはならない。そうなれば私たちは人生において3つのフェーズを自由に行き来することができ、ときには同時に2つのフェーズでの成長を追求することさえできるようになる。

デロイトが、この新しいワークOSのポジティブな可能性を示す、こんなシナリオを提示している（ここで論じられているのはフリーランス）。

トムは金融業界で40年近く働いた。M&Aの分野で顧客にアドバイスをし、多くの成功を収めた。だが金融危機によって、62歳で早期退職を余儀なくされた。財務の知識があり、同僚と比べても退職後の資金設計がしっかりできていたので、1年間の休みを自分に与え、孫たちが住む家の近くに引っ越すことに決めた。忙しく各地を飛び回る現役時代を過ごしたので、これからは孫の成長を見逃したくないと考えたのだ。

しかし1年後、トムは時間を持て余し、外の世界とのつながりが希薄になっている自分に気づいた。そこで、成人した子どもたちの勧めに従って、フリーランスの仕事を紹介してくれるプラットフォームに登録し、ギグワークを始めた。好きなときに好きなだけ働き、人とつながり、これまでに培ったスキルを共有することができた。おまけに、家族で行くクルーズ船旅行のための費用も稼ぐことができた。

このギグワークは、引退後に求めていたものをトムに与えてくれた。お金のためではなく、柔軟性と人とのつながりのために続けているのだと彼は語っている。[*42]

もちろん、このシナリオは、トムが引退後の資金をしっかり確保していたから可能になったものだ。経済的安定があったからこそ柔軟な人生設計ができ、新しい人間関係やスキルの獲得に集中することができたのである。統計によると、多くの労働者はそれほど幸運ではなく、現役引退後に必要な経済的資源を持っていない。

したがって、多くの人がトムのような人生を送るためには、すべての労働者に、フルタイムの雇用から独立したポータブルな社会的セーフティネットを提供する必要がある。グラットンとスコットが警告している。「安定した収入なしに住宅ローンを組むのは難しい。同様に、定期的な収入も雇い主からの補助もない状態で引退後の生活を維持するのも難しい[*43]」

新旧どちらのワークOSにも社会的に難しい課題はあるが、仕事を雇用契約のある従業員だけのものと捉え、労働関連の保護を従業員だけに与えるという伝統的なワークOSでは、教育、仕事、引退のサイクルを成人後の70年以上にわたって繰り返さなければならない長寿を支えることはできないのではないだろうか。

労働者が搾取的な仕事関係のなかで生きるのではなく、豊かでやりがいのある働き方のエコシステムのなかで生きるためには、社会が新しいワークOSを受け入れ、労働者の「雇用保障」と「生活保障」の定義を変えて、仕事と個人を解体できるかどうかにかかっている。

Chapter 8

組織はこうして生まれ変わる

危機的環境変化に対応する仕組み

Conclusions and Next Steps

新しいワークOS導入のステップ

本書をここまで読んだ読者は、社会的にも政策的にも重要なグローバルな課題の多くが新しいワークOSを必要としている理由が理解できたと思う。それらの課題が新しいワークOSを後押ししていることも、理解していただけたのではないだろうか。

すでに新しいOSへの転換を果たした仕事（社内の人材マーケットプレイスに掲載されている仕事やフリーランスのプラットフォームで受発注が行われている仕事など）もあれば、まもなくシフトする仕事（自動化が導入された仕事、リモートワーク、従来の職務記述書が意味を失いつつある仕事など）もあるし、まだ顕在化していなくても新しいワークOSにシフトすべき仕事（人材が不足している仕事、キャリアパスが行き詰まっている仕事、オフショア化やアウトソーシングの圧力にさらされている仕事など）もある。いずれにせよ、新しいOSの必要性が高まっていることは間違いない。

ここまで、新しいワークOSにシフトすることで最大のリターンが得られる仕事を特定する方法と、それを実行するためのステップを紹介した。ここでそれを振り返っておこう。

1 ワークデザインの原則を理解する（37・101ページの再掲）

●現在の職務を前提とせず、仕事を分解して、達成すべきタスクを見る。

●人間と機械を融合させる（人間を単純に自動化で置き換えるのではない）。

●あらゆる就労形態を考慮に入れる（正規雇用、ギグワーカー、フリーランス、アライアンス、プロジェクトベースなど）。

●人を職務に縛りつけず、自由な人材移動を可能にする。

2 トリガーポイントを発見する（62ページ参照）

●新しいワークOSの威力と価値を実際に示すために、インパクトの大きいトリガーを見きわめ、そこから始めよう。典型的なものとしては、業務上の課題、制約条件（プロセスや人材パイプラインのボトルネックなど）、新しいテクノロジー、組織の優先順位の変化などがある。

●成功の程度を測るために、適切な指標を設定する。

3 新しいワークOSを導入する

(a) 仕事を要素（タスク）に分解する（第1章参照）。

①仕事を分解するときの指針となる主要な問いに答える（65－66ページ参照）。

②次に職務とワークフローを分解する。

(b)タスクのレベルで人間と自動化の最適な組み合わせを実行する（第2章参照）。
①自動化によって実行するタスクを決める。
②それに適した自動化のタイプを決定する。

(c)境界のない民主化されたワークエコシステムに適した就労形態を取り入れる（第3章参照）。
①オルタナティブな就労形態を組織のどこまで広げられるか、どこまで雇用から切り離すことができるかを見きわめる。
②人材を仕事につなぐ最適の方法を見きわめる（役割を固定する、自由に仕事に移動させる、そのハイブリッド型）。

(d)労働者を職務に固定された存在と見ず、多様な能力を持つ存在と見る（第4章参照）。
①ひとりの労働者が持っているユニークなスキルをすべて把握する。
②スキルとタスクの対応を念頭に、合理的なスキル向上の道筋を考え、人材開発に取り組む。

(e)タスクの組み合わせを更新しつづけながら、多様な就労形態を活用する（第5章参照）。
①プロセス、文化、構造、人材、テクノロジーという5つの中核的要素を意識して、新しいワークOSを維持する。

②　アジャイルなイノベーションの原則を援用して、ワークＯＳを新しくしつづける。

(f)　ＨＲ部門が組織全体のハブとなって、チームとプロジェクトを組織の目標と目的に一致させ、人間とＡＩプラットフォームを協調的に機能させる（第6章参照）。

①仕事を調整する方法をＡＩを活用して一新する。

②アジャイル・イノベーションの手法でワークデザインの改革に取り組む。

③個人に対し、ワーク・クラフティングと、提供している働きの価値についての交渉（報酬や労働条件に関する主張）をつづけることを奨励する。

④リーダーやマネジャーは、組織階層上の地位によってではなく、影響力によって仕事を進めることをめざす。

⑤ＨＲ部門をワークデザインを機敏に改革するためのハブに変える。

(g)　労働者が柔軟な就労形態を選ぶことができ、全人的能力を発揮できるような仕組みを組織内につくるとともに、それを支持する価値観と社会政策を支持する。それによって労働者に持続可能性、発言力、公平性、インクルージョンを提供する（第7章参照）。

①福利厚生に関わる資格を組織間で連携できるような社会的セーフティネットの構築をめざす。

②労働市場に対して自社が持つ影響力を利用して、持続可能な労働慣行を遵守するようワークプラットフォームに働きかける。
③教育機関と協力して学習の分解を促し、獲得した資格を証明する共通言語を確立する。

生まれ変わった病院――プロビデンスのケース

プロビデンス・ヘルス・アンド・サービス（Providence Health & Services）は、ワシントン州レントンに本部を置く、複数の病院を運営する非営利のカトリック系医療組織である。西海岸（アラスカ、ワシントン、オレゴン、カリフォルニア）とアイダホ、モンタナ、ニューメキシコ、テキサスの8州で51の病院、800以上の非救急治療施設のほか、医療サービス、困窮者支援住宅、教育支援サービスなどを展開している。

プロビデンスは、1859年にプロビデンス修道女会によって設立された。コロナ危機以前も現在も、困難な医療課題と人材確保の問題に創造的な方法で取り組んでいる。仕事の進め方に関する彼らのイノベーションの多くが、新しいワークOSの威力を物語っている。

これまでの章で論じたことは、プロビデンスの挑戦のいくつかに当てはまる。この章では、プロビデンスが実行したことを詳しく説明し、彼らのイノベーションが新しいワークOSの各要素とどのように対応しているかを見ていくことにしよう。

機能しなくなった従来の方法

いま医療業界に激震が走っている。医療行為の進め方が変わり、それにともなって医療従事者の組織のあり方や備えのあり方にも変化が生じている。テクノロジーの進化、利用者の期待の変化、政府の規制や政策面の優先事項の変化などはそのほんの一例だ。人口の高齢化にともない、医療従事者の需要と供給のギャップが世界的に拡大していることも大きな要因だ。平たく言えば、医療従事者の大量退職と、医療に対する需要の急増が、同時に起こっているのである。

プロビデンスの人材担当最高責任者（CPO）であるグレッグ・ティルは、次のように述べている。「いまでも必要な人材を見つけるのは難しいのですが、数年後には不可能になります。人を雇い、育て、つなぎとめる方法がなくなる。いまのやり方は、たんに最適ではないというのではなく、もはや成り立たなくなっているのです。介護に当たるわれわれ自身と地域社会のために、仕事のやり方を革新しなくてはなりません」

この前提のもと、ティルとプロビデンスのワークフォース戦略・分析担当のマーク・スミスは臨床、オペレーション、HR、財務のリーダーと協力し、プロビデンスの未来の働き方を構想した。この作業は数年前から始まっていたが、コロナ危機によって否が応でも劇的に進歩した。コロナ前から着手していたので、プロビデンスはこの改革において業界をリードすることができた。

看護師は資格が必要な仕事だけに集中する

改革に着手したときプロビデンスは、どこをどう変えるとしても、それは患者とコミュニティに利益をもたらすだけでなく、ここで働くすべての「ケア提供者《ケアギバー》」に意義深い変化をもたらすものでなくてはならない、という前提でスタートした。プロビデンスは、医療に直接たずさわる人と管理業務にたずさわる人を含めて、すべての従業員をケア提供者と呼んでいる。プロビデンスは、ケア提供者が「働く意味」を見出し、仕事を「使命《コーリング》」と感じ、「存在のすべて」をそこに注ぎ込むことができるような組織文化をめざしている。

プロビデンスが看護師の仕事を分解したところ、看護師はライセンスが必要な仕事とライセンスが要らない仕事の、2種類の仕事をしていることがわかった。前者は看護師としてのトレーニングや看護師ならではの高度な能力を必要とし、それを活用できる仕事であり、後者は看護師でなくてもできる仕事だ。

看護師がライセンス不要の仕事に多くの時間を費やすようだと、過剰なコストにつながるだけでなく、看護師自身のエンゲージメントや仕事への満足度が低下する。図表8−1は、これら2つの分類に含まれている典型的な業務だ。

看護師は、勤務時間の35%以上をライセンス不要の仕事に費やしていた。医療システム全体が安定し、看護師の数も足りていた時代には、それでもやっていけたかもしれないが、医療環境が変化

図表 8－1 求められる専門的能力で区分した看護師の仕事（プロビデンスのケース）

高度な専門性が必要	高度な専門性は不要
• さまざまな専門家から成る医療チームの一員として，患者の治療計画を作成する． • 複雑な臨床処置（挿管など）を行う．またはその補助を行う． • 患者や家族に感情面でのサポートを行う． • 患者が最善の判断を下せるように，複雑な問題を適切に単純化して説明する． • 退院後のセルフケアのために患者を指導する．	• 複雑ではない診断（血圧，体温測定，注射など）． • 文書作成と整理（手書きまたはデジタルツールを使ったカルテ作成）． • 見守りが必要な患者にコンパニオンシップとケアを提供する看護シッティング． • 非臨床面でのトレーニング． • 会議への出席．

して看護師が大量に不足している状況では、この状況は許されない。それはプロビデンスが掲げる「最高の医療を提供する、最高に働きやすい職場」という目標にも合致していなかった。

コロナ危機がこの問題を加速させた。病院はますます超フル稼働状態で運営されるようになり、必要な人材を、必要な場所に、必要な人数配置するイノベーションが生と死を分けるほどの状況が出現したからだ。

診療行為のスタイル転換

プロビデンスは、看護職以外でも、職務の分解を行っている。たとえば過去数年、「ヘルス2・0推進活動」と呼ぶ取り組みで、仕事を改革して管理コストを劇的に削減してきた。

これは業務の近代化と品質向上をめざす活動だが、それに加えて、各施設に共通するあらゆる業務を見直し、自動化、廃止、簡略化できる業務がないか、あるいは別の方法（別の役割の一部として行う、外部パートナーを利用する、別の場所で行うなど）によって価値を高められる業務はないかということも検討している。

管理部門のスタッフと多くの医師がリモートワークに移行したことで、改革の多くがさらに加速した。コロナ・パンデミックの影響を受けた多くの組織と同様、プロビデンスも、どの業務をリモートで行えるか、また、どうすれば在宅勤務するケア提供者のエンゲージメントを高められるか、連携を保てるか、生産性を維持できるかといった点で、新しい洞察を得ることができた。当初考えていた以上に多くの業務が在宅で問題なくこなせることがわかったし、事後の調査によって、リモートで働くことになった人びとのエンゲージメントが9ポイントも上昇したことがわかった（わずか1年でこれほど上昇するのは驚きだ）。

この結果を受けて、プロビデンスのリーダーとケア提供者は、仕事と組織設計をさらに見直し、現場勤務とリモート勤務の時間配分を慎重に分析した。仕事を構成要素に分解したうえで、リモートワークで得た教訓を反映させて仕事をつくり直すことに取り組んだ。たとえば、ケア提供者と人事アドバイザーとのやりとりは、すでに対面からリモートに移行していたが、簡単な質問にはチャットボットを使うようになり、さらにそうした機能をフィリピンのコールセンターにシフトした。これまで対面で行っていた採用時のいくつかのタスク（福利厚生受給に必要な登録、フォームI－9〔雇用資格確認〕、その他の雇用や税務関係の書類）もバーチャルなアプローチに移行した。

職場の人間関係もバーチャルな手段で解決する

パンデミックによって、一般的な健康診断から新しく入った従業員のオリエンテーションまで、すべてがバーチャルになるなかで、プロビデンスはHR部門の役割の分解と再構築に着手した。

HR部門には従業員関係の業務――職場で従業員が遭遇する問題を解決するための仕事――があったが、それは〝ハイタッチ〟なものと見なされ、職場ごとにいるHRビジネスパートナー（HRBP）がつねに現場で行う仕事だと考えられてきた。HRBPの多くの業務はすでに自動化、アウトソーシング、集中化されていたが、従業員関係の仕事だけはその限りではなかった。ＨＲＢＰの仕事を分解してみると、従業員関係のタスクが、資格が必要な仕事をする時間をＨＲＢＰから奪っていることがわかった。ＨＲＢＰの重要任務は、人材戦略を成長計画につなげる、変革をリードする、エンゲージメントとパフォーマンスの高いリーダーシップチームを育成することなどだ。

さらに従業員関係の業務は、法的・専門的な要件が厳しくなってきているので、これをすべて個々のＨＲＢＰに振り分けるとばらつきが大きくなり、組織のリスクが高まり、管理職や従業員の不満が高まる懸念もあった。

コロナ危機が起こったからこそ生まれた〝変化受容的〟な職場環境とマインドは、ＨＲ部門に従業員関係業務の分解と再構築を促した。ＨＲ部門はリモート診療サービスを参考にしながら、この業務を自分たちの仕事から切り離し、バーチャルで集中的に処理するチームの新しい任務とした。このチームは正式なトレーニングを受け、いまでは標準的な業務プロセスに従い、ＣＲＭ〔顧客関係管理〕ツールを援用しながら、どこでも業務を遂行することができる。

この変更で、ＨＲＢＰの仕事から25・35％の低レベルのタスクを引きはがすことができ、戦略的な取り組みに多くの時間を割くことができるようになった。さらに、分散処理されていた従業員関係業務を集中処理に変えたことで、迅速で一貫性のある問題解決、高い満足度、ミスやリスクの低減につながった。

ティルは「ＨＲＢＰの役割を分解し、従業員関係業務を別の方法でやることにしたおかげで、ＨＲＢＰもサポートを受ける従業員も、以前よりいいサービスを迅速に、しかも安あがりな方法で受けられるようになった」と述べている。

人間と機械――「思いやりとイノベーションの交差点」

プロビデンスはこの数年で、テクノロジーと自動化への投資によって、ライセンス不要の業務が大幅に軽減された。デジタル・イノベーション・グループが主導した、彼らが「思いやりとイノベーションの交差点」と呼ぶ、人間と自動化のつながりの例をいくつか紹介する。

- 患者に寄り添う姿勢――自動化技術によって医療従事者が自宅からでも患者と直接的なコミュニケーションが取れるようになり、患者との関係が強化された。
- 診断能力――たとえば網膜スキャンで糖尿病を早期発見できるＩＲＩＳ（干渉型反射率画像センサー）のような技術によって劇的に向上した。
- 医薬品の配送――自動化によって在庫管理の効率が向上して容易になった。
- 事務作業――スケジュール管理、紹介状作成、処方箋作成、支払い処理などが自動化されたことで劇的に簡素化された。

●従業員の配置——自動化技術の導入でタイムリーかつ効率的に行えるようになった。看護師の勤務スケジュール、先を見越した役割分担の事前掲示、看護の効果を最大限まで高めるためのチーム編成まで、さまざまなものを自動化するためのパイロット版が導入された。

さらにプロビデンスは、複数のプラットフォーム（勤怠管理システム、電子カルテシステムなど）からデータを取得する技術を導入しようとしている。これによって傘下の全部門の人員需要を時間単位で予測できるようになり、その予測情報と意思決定最適化ソフトウェアによって、リーダーたちに迅速かつ臨機応変なスケジュールが提供されるようになる。それにより、これまでチームが約12時間かけて行っていた作業が約3分で完了する見込みだ。

●バーチャル患者訪問——コロナ・パンデミックで、訪問する患者を臨機応変に変更する必要が激増したが、ナビゲーションの自動化が効果を発揮している。

組織や資格の壁を越える緊急時の人材確保

医療業界では一般的なことだが、プロビデンスも、フルタイム雇用以外の形態で労働力を調達してきた長い歴史がある。そこには派遣看護師、契約従業員、ボランティア、パートタイマーなどが含まれている。この慣行の一部は法に従った結果である。たとえば、カリフォルニア州では病院は医師を雇用することができない〔医師は病院と契約を結んで独立した個人として働く〕。また、需要の変動によって生じる一時的な人手不足に対処するための慣行という側面もあるし、資格が要らない特定業務を依頼することもある。

看護の役割の多くは、構成要素に分解して再構築することで最適化できるはずだが、いくつかの要因がそれを阻んでいる。たとえば根本的な人材不足（看護助手《ナーシング・アシスタント》や医療助手《メディカル・アシスタント》は看護師と同じくらい不足している）、法的制約（たとえば免許法）、契約上の制約、テクノロジーの利用度における格差、変化への抵抗などだ。

コロナ危機が始まると、プロビデンスは人材確保のために、退職者、看護学生、プロビデンスでの常勤職をいったん辞めたがギグワーカーとして復帰する意思のある者などに目を向けた。また、将来的に需要の高い仕事（医療助手、看護助手、正看護師、薬剤師など）に就くための準備につながる短期実習制度もスタートさせた。それらを含め、プロビデンスはコロナ危機の期間中、人材を獲得するためにさまざまな戦術を採用した。**図表8－2**（298－299ページ）は、そのさまざまな戦術を本書の枠組みに当てはめて整理したものだ。

コロナ以前から、プロビデンスは人材システムの構築に取り組んできた。つねに仕事を分解してタスクに目を向け、どんなやり方――自動化、パートナーシップ（国内と国外）、ギグワーカー、新たな発想で配置されたケア提供者など――が効果的なのかを評価しつづけている。

要素	具体例
隠されていた看護能力の発見（第4章参照）	● ケア提供者の能力をつぶさに調べて業績管理プラットフォームに登録した. ● ジョブディスクリプションを超えるケア提供者の能力を把握し記録した. ● 上級管理者の看護業務能力を確認し認証した.
ニーズの変化に対応する業務改革（第5章参照）	● AIを活用し，数カ月先の業務需要予測に基づいて人員を確保する「プレディクティブ採用」を実施. ● 管理者資格の取得者を看護現場に配置し，突発的な医療需要の急増に対応した. ● 配達，搬送，在庫管理，清掃などの業務に入退室監視業務を追加した「サポートサービス技術者」という新しい役割を設定した.
部門横断的リーダーシップの構築と協力（第6章参照）	● ソリューションセンターがニーズを洗い出し，HR，臨床，看護，オペレーションの各リーダーを集めて，課題に効果的に対応するための方法を開発した. ● スケジュール作成の自動化，人員配置と作業需要の管理，欠員予測の事前発表，統合的資源管理などを取り入れて看護長の雑務を減らし，看護師に最も重要な仕事をさせることに注力できるようにした. ● 必要不可欠ではない管理監督業務の廃止や再分配により，医師や看護師の支援に充てる時間を増やした.
イノベーションの種を社外に蒔く（第7章参照）	● ベンチャーファンドを設立して，人間と自動化の組み合わせを加速するイノベーションを追求する複数の企業に投資した.

図表 8－2 新しいワークOSの全体像（プロビデンスのケース）

要素	具体例
社内人材市場の脱構築（第 1 章参照）	● コロナ感染急増時の人材ニーズに対応するための人材プールを開発し，ケア提供者のスキルを喫緊の人材ニーズとマッチングさせた． ● ケア提供者を需要の小さいユニットから需要の大きいユニットに効率的に移動させるために，複数の「移動チーム」を編成した． ● コロナ感染の急増やワクチン接種に対応するために，ケア提供者を通常勤務から外して，最も必要とされている場所に移動（場合によっては州を越えて）できるようにした．
自動化テクノロジーの活用（ロボット，AI）（第 2 章参照）	● 自動書記を試験的に導入し，医療従事者が音声でメモを取れるようにした． ● 安全で負担の少ないバーチャル訪問診療（遠隔医療）の利用を大幅に拡大した．バーチャル訪問は 2019 年の 6 万 7000 件から 2020 年には 160 万件以上に増加した． ● 採用，報酬，給与，未払金処理，サプライチェーンなどの事務に AI や RPA（ロボティック・プロセス・オートメーション）を導入．サービスセンターでチャットボットを利用．
従業員以外の人材ソースの活用（第 3 章参照）	● 他の医療機関とサービス契約を締結し，そのスタッフに人手不足の病院で勤務してもらった． ● 予防接種のスタッフとして退職した看護師を採用． ● 患者への声かけや検温など，看護師や臨床医が行っていた業務を臨時スタッフに担当させた． ● 仕事量の急増，ストライキ，人手不足に対応するために契約看護師を雇用した． ● 従来型の勤務ローテーションと新しいタイプのローテーションに対応するため，人材派遣会社と創意工夫に富む契約を結んだ． ● 予防接種クリニックに資格のあるインターン生を採用した． ● 看護師が重篤な患者に集中できるよう，患者介助実習生に患者の付き添いを担当させた．

この進化の好例が、看護助手の役割の変化だ。いま看護助手が行っていることのかなりの部分は、以前は看護師が行っていた。看護助手は、看護師と協力しながら患者をケアをする。ナースコールへの対応、寝たきりの患者の移動・清拭《せいしき》・食事の介助、血圧やバイタルサインの観察、患者が食事から十分な栄養を摂取できるようにするのが彼らの仕事だ。高度な観察が必要な患者に付き添う、シッターとしての役割もしばしば担っている。シッターの利用が激増したある病院では、看護師と看護助手にその業務を担わせなくてはならなくなった。

看護師不足に対処するために看護助手の需要が急増したが、こんどはその看護助手の確保が難しくなった。そこでプロビデンスは、看護助手の役割を分解し、学生看護助手ができる業務や活動は何かを考えた。その結果、「患者介助《ペイシェント・アテンダント》」という役割が生まれ、シッターに対するニーズのかなりの部分を満たすことができ、それが将来の看護助手の供給源にもなった。患者介助担当になると、16週間のローテーションでトレーニング、資格試験準備、看護助手関連業務を行い、正式な看護助手の役割に転換するための準備をすることができる。

職務を分解したことで、シッターという重要な仕事を患者介助担当者に任せることができ、看護助手（そして看護師）はより高度な仕事に時間を割けるようになった。しかも患者介助という新しい役割は、看護職に就きたくても就けなかったケア提供者にとっては新たなチャンスになる。組織の外に目を向ければ、定職に就けずに苦労している人に持続可能な雇用の機会を提供するものでもある。

組織内のあらゆるスキルと能力を把握する

プロビデンスの新しいワークOSの思想は、職務記述書にとらわれることなくケア提供者の能力を把握したところに最も鮮明に表れている。ワークフォース戦略・分析担当のマーク・スミスは「私たちは仕事を見るだけでスキルを見ていなかった」と反省している。

看護《ナーシング》というタスクが最も重要なボトルネックだとわかったので、プロビデンスは、組織全体をくまなく見渡して、看護に役立てられる能力が隠れている場所を探すことにした。まず、看護師が行っている業務に求められるスキル、能力、資格を網羅する調査票を作成した。そして、臨床・非臨床を問わず、すべてのケア提供者に、自分が持っているすべてのスキル、能力、資格を記入してもらった。

2021年に企業生産性研究所（i4cp）が行ったケーススタディによると、プロビデンスの社内人材マーケットプレイスは人間と自動化された機能の両方によってサポートされている。[*1] プロビデンスは、傘下のすべての医療施設から代表75人を参加させて、社内人材マーケットプレイス委員会を立ち上げた。委員会は、組織全体の人材ニーズを評価し、すべての施設が人材需要に対応するのに必要なスキルを持つケア提供者を確保できる体制の樹立をめざした。

委員会は当初、週に数回会合を開いて各施設の状況を確認した。その結果をふまえて施設ごとの人員状況を評価し、「赤・黄・緑」のシグナルを発する仕組みをつくった。どこかの施設がレッド

（人材逼迫状態）またはイエロー（逼迫に近い状態）になったら、ほかの施設から必要なスキルを持つ人材が派遣される体制が整ったのである。

こうした取り組みの結果、看護師が行っているタスクとそのために必要な能力の全容を把握する包括的な〝ライブラリー〟が構築された。これには3つの重要な効果があった。

❶看護の仕事ができる人材を全員のなかから見つける

看護業務のタスクなのだから、結局は看護師に割り当てられそうなものだが、そうではなかった。能力を棚卸しした結果、各施設の管理者や経営者には、元看護師や元医師が多いことが判明した。マネジメントの仕事に看護の要素はなく、看護の能力や身体的能力が必要なわけでもないが、彼らはその能力を持っていた。そこで、免許を更新して、本業の管理業務に加えて、病院の現場で看護やその関連の仕事もできるようにすることが奨励された。

すると、これまで見えていなかった（したがって活かされていなかった）選択肢に気づいた。たとえば、プロビデンスの南カリフォルニア地域のCEOは、その地域の病院の管理者の多くが週8時間の診療を行えると気づき、コロナ危機で病院にふりかかった大きな負担を軽減することができた。

これはコロナ感染が蔓延する状況下で大いに役立った。ある分野（人工呼吸療法など）では需要が急増しているが別の分野（外科手術など）では激減するという状況があって、通常の人員配置では対処できなかったからだ。

免許保有者、退職した看護師、資格を持ったインターン生の情報を把握していたことは、7つの州において、外来診療所でのワクチン接種に役に立った。ワシントン・モンタナ地域のCEOも元看護師だったのでワクチン接種を行った。このような努力の結果、プロビデンスは、ワクチン接種に従事した人員の割合が医療業界でも最高レベルに達した。*2

❷看護師でなくてもできる仕事を看護師にさせない

患者やその家族が病院にやってきたときの体温チェック、医療物資の運搬、患者のエスコート、感染防護服の管理（場合によってはその製作）など、ライセンス不要の業務に、専門的スキルがなく経験の浅い人材を迅速に配置することができた。看護師ではないケア提供者の能力を活用することで、看護師には看護師でなければできない仕事だけに集中させることができたのである。

こうした周辺業務に看護師以外の人員を当てることは理にかなっている。しかし伝統的なワークOSでは、仕事は職務として把握され、個人は担当職務によって認識されているので、そういう人材を発見するのが難しかった。まして、看護の仕事を別の職務に組み入れるような発想も仕組みもなかった。

しかし、業務とその遂行に必要な能力に注目すると、看護師を看護以外の仕事から解放することをイメージしやすくなった。たとえば看護師は、患者の体温を測ったり患者の様子を確認するために病室をのぞくことに多くの時間を費やしている。しかし、そういう仕事は受付担当者や記録管理者など、ほかの職種の人でもできる。

記録管理者は、患者の体温や体調を確認した際に行うカルテ記入をすでにマスターしているので、カルテ記入に先立って患者の体温を測ったり体調を確認するのは小さな変化だった。受付担当者も、ある程度の時間を検温とデータ記録に回すことができた。患者に高熱や心配な兆候があれば看護師を呼べばいいのだ。このように仕事を分解したことで、看護師が看護の仕事に使える時間を驚くほど多く確保できるようになった。

このような見直しは、看護師の仕事以外でも行われた。一例として、病院の入口付近での仕事を挙げることができる。病院がコロナ対策の一環として訪問者を制限するようになったため、入口での監視業務が必要になった。プロビデンスは、そのために新しい役割を設けるのではなく、看護師の仕事に関して行ったのと同じような方法で対処した。

スキルの棚卸しを行うと、入館監視業務を問題なくこなせるスキルを、少なくとも6つの職種の従業員が持ち合わせていることがわかった。この発見により、配送、輸送、在庫管理、清掃の職種を統合する「サポートサービス技術」という職種が開発された。この職種の従業員が、入館監視を含むグループ化された複数の業務をこなすことで、臨床スタッフはこれまで以上に診療に集中できるようになった。

病院入り口での監視業務は、パンデミックが落ち着いて技術も進歩すればあまり必要なくなるだろうが、適切なタイミングで患者に適切なケアを提供するニーズはなくならない。そのため、この業務については、経営陣も労働組合も従業員も、ほかの業務に就くための入り口だと認識している。

❸廃止できない周辺業務は方法を変えて負担を軽減する

看護職の一部を担えるケア提供者を見つける努力に加え、プロビデンスでは、看護師の役割から付加価値のない仕事を取り除いてしまうことと、取り除けないものについては負担の少ない新しい方法を見つけることに多大な努力が払われている。

その一例がコンプライアンス研修だ。ライセンスには直結しないが、はずすわけにはいかない。プロビデンスは2019年にQストリーム（Qstream）という技術を導入し、年間平均4時間になるコンプライアンス研修を、ケア提供者のスマートフォン（または業務用コンピュータ）にプッシュ式で配信されるクイズ形式の研修教材に置き換えた。

このシンプルな技術革新により、コンプライアンス研修にかかる時間が年間で90％以上短縮されただけでなく、効果も向上した。プロビデンス全体では、看護師が有意義で職務満足度も高い要ライセンス業務に使える時間が15万時間以上も増えた計算になる。

未来をたぐり寄せる

仕事を分解すると、異なる仕事をしている従業員を結びつけたり、それまでは担当外とされていた仕事に人材を割り振るといった解決策に気づきやすくなる。

コロナ感染患者が急増する地域に医療従事者（臨床も非臨床も含めて）を臨機応変に派遣したり、集中的なワクチン接種に従事させることができたプロビデンスのケースはその好例だ。

病院管理者やマネジャーが持っていた看護関連能力が可視化され、必要なライセンスが更新されると、緊急事態解消後も、週8時間またはそれ以上、臨床の現場で働いてもらうという継続的なソリューションが浮上した。これで、予期せぬ需要の高まりがあった場合に、患者やコミュニティ、そして労働過重のケア提供者を支える手段が1つ増えたことになる。既存の役割に新たなタスクを追加することで需要の急増に対処する、という方法が用意されたということだ。

もっとも、この方法はコロナ対応で非常に役立ったし、将来も予想外の事態に対処する方法ではあるが、長期的な解決策としては実用的ではないかもしれないし、経済的にも無理があるかもしれない。長期的に持続可能な解決策は、従業員にとって深い意味があり、仕事とのつながりを深めるものでなくてはならない。同時に、病院と利用者にとって価値を生み出すものでなくてはならない。

医療の世界では100年以上前からあった考え方だが（認定看護助手は第一次世界大戦のころから看護師をサポートしていたが、血圧測定が認められてから、まだ50年も経っていない）、プロビデンスは2年半前から仕事を再構築する取り組みを加速している。ティルとスミスはその取り組みを「未来をたぐり寄せる」という言葉で表現している。

マネジャーとリーダーの仕事を分解する

プロビデンスの新しいワークOSは、リーダーやマネジャーに自分の仕事を見直すことを求め、これまでは看護師だけのものであった仕事を週に8時間、病院のフロアで行うことを要求した。しかし新しいワークOSは彼らに、臨床業務の追加だけではなく、マネジメントやリーダーシップそのものの再考も求めている。

仕事と個人が分解され、従業員が主たる持ち場を離れて別の仕事もするようになったら、上司にとって部下は、自分にだけ報告義務を負う存在ではなくなる。それはリーダーやマネジャーにとってどんな影響があるのだろう？

たとえば、あなたが受付係を監督するマネジャーだとする。受付係に患者の様子を見たり、検温をしたりする仕事が追加されたら、2つの業務にどんな優先順位を与えるべきだろう？　看護師から緊急の依頼があったとき、受け付けを離れることをどの程度まで認めるべきだろう？

あるいは、あなたが南カリフォルニア地域のCEOだとする。管轄下の上級管理職がライセンスを更新して、週8時間まで現場で診療（注射を打つなど）を行うことになったら、その8時間はどこでどう実行させるのがよいのか？　それをどう決めればよいのか？　組織の目的と本人のニーズや希望をどう調整すればよいのか？　すべての管理職が会議に参加する「コア・エグゼクティブ・タイム」を設けるべきだろうか？　管理業務と診療業務を最適に組み合わせるためにシフト管理の仕組みを構築することになるのだろうか？

プロビデンスの幹部たちはすぐに、このような管理と調整を適切に行うには、ＡＩによる自動化技術のサポートが必要だと気づいた。従業員のスキルと能力の評価、組織と職務の設計、タスクと労働力の需給管理、マネジャーの能力開発、給与と業績管理の再構築などは、人間だけでできる仕事ではない。その点でＨＲ部門は、従業員と消費者の双方にとっての価値創造を推進する重要な役割を担うことになった。

組織の目的に対する個人の貢献を再構築することは、部下を管理する上司にも大きな影響を与える。上司もまた自らの役割を分解して、新しい働き方を可能な限り追求する必要がある。そのためプロビデンスは、必ずしも管理者が行わなくてもよい業務を廃止したり、再配分したりすることに資源を投入し、彼らがケア提供者をサポートするための時間を多く取れるようにした。

たとえば看護師長は、欠員が出る前に自動的に人員要請を発表できるようになった。需要を先回りしてニーズを予測できるようになったし、スケジュール管理から手作業を省くこともできた。先述したように、プロビデンスは自動化された「予測的スケジューリング」を行っているが、それがリーダーやマネジャーを助ける効果は大きく、スケジュール作成にかかる時間を数時間から数分にまで短縮できた。自己管理ができる状況下では、ケア提供者はシフトを自分で選ぶこともできる。

このシステムは、一日を通して確保する必要のあるスキルに基づいて人員配置をスケジューリングしてくれる。ある救急診療所では、患者数がピークに達したときに看護師を要ライセンス業務に集中させるには、看護師1人につき医療技術者が1～4人必要なことがわかった。

新しいHR部門の役割とAI活用

こうした一連の改革と改善をHRチームが支えている。この数年で、プロビデンスのHRチームは革新的な価値創造の面で医療業界をリードする存在になった。人材獲得、給与計算、人事サービスセンターの業務をIBMとの創造的なパートナーシップによって強化したのも先駆的な取り組みだ。内容によっては海外の人材を活用することもある。

また、リモート診療サービスにならって従業員関連業務をHRBPから切り離してバーチャルなチームに移管し、HRBPにはより重要な仕事に集中させるとともに、職場の問題を以前より迅速かつ効果的に解決できるようにした。

プロビデンスのHRは、人間と自動化の組み合わせを最適化し、採用、給与計算、サービスセンターの活動にAIとロボティック・プロセス・オートメーション（RPA）を活用している（面接スケジュールの自動化、スキルとタスクのマッチング、採用や配置に関するオファー、給与計算、ケア提供者からの質問にチャットボットを使って回答することなど）。

HR部門で最近生じた注目すべき変化は、コロナ危機で生じたような人員の需要急増と供給不足に対処するためには、人材管理を製造業におけるサプライチェーン管理のように行う必要があるという気づきだ。つまり採用活動は「需要管理」ということになる。

たとえば、需要の高い職種の欠員補充には6カ月かかることが何年も前から知られていたが、プロビデンスはこれまで、欠員が出てから職務記述書を書いて求人情報を流すことが多かった。考えを改めたHR部門は、AIツールなどを使って数カ月前に需要を予測し、人員不足を補うためのパイプライン構築に着手するようにした。

またHR部門は、仕事を分解するという発想に立って、新たに「ソリューション・センター」のコンセプトを設計し、需要があるところに人が柔軟に移動できる仕組みづくりにも取り組んだ。専任のプロジェクト・マネジャーからなる小規模なチームが緊急のタスクを管理するというもので、必要なスキルを持つ人が期間限定のプロジェクトに応募したり、ボランティア参加の意思を表明したりすることができる。フルタイムの仕事を持ちながらのギグワークを可能にする、事実上の社内人材マーケットプレイスと言える。

これによってケア提供者は自分の裁量で、自分が必要とされていると思えることのために能力を発揮できるようになり、能力もエンゲージメントも高まった。

おわりに

仕事の未来に向かって

新しいワークＯＳの導入は難しく感じられる。仕事をタスクとスキルに分解したとき、その組み合わせは無限大のように感じられる。それを扱えるような人材システム、プロセス、境界を越える関係の管理などを構築するのは、とてつもなく難しい作業のように思える。

だから私たちは、トリガーポイントの１つから、小さく始めることをお勧めする。仕事の進化の洗礼を受け、伝統的なワークＯＳでは不十分だという認識がすでに生まれている場所、何か新しいことをやってみようというエネルギーがある場所から始めてほしい。

そこで新しいＯＳのプロトタイプをつくり、定着を妨げる障害とその克服方法を探り、パワーを実感しよう。まずボトルネックを特定してそれを克服し、プロセスを改善するのがよいだろう。

新しいワークＯＳは、いったん組織に定着してしまえば拡大しはじめる。従来の職務記述書や、従業員の資格やコンピテンシーは、未来の仕事をデザインするのには適さないことがわかってくるはずだ。新しいワークＯＳがもたらす飛躍的な利益の増大が知れわたるにつれ、プロトタイプの拡大を希望する声も高まる。最初に成功体験があれば、狙いどおりに進めることができるはずだ。

未来の仕事の核心をなす仕事と労働者の定義に地殻変動が起きている。技術と社会を襲う破壊的な力がこのシフトを加速させる。いまはまだ伝統的なワークＯＳで事足りると思えても、注意深く観察すれば、こうした変化がすでに影響を与えている兆しが見えるはずだ。

新しいワークＯＳを理解し、いま試すことで、将来の危機に立ち向かう準備ができる。力強く、包括的で、機敏で、果敢な組織をつくり、緩慢な動きと伝統的な方法がもたらす不要なコストを回避することができる。アジャイルの精神で自らを励まし、新しいワークＯＳを受け入れ、実験してみよう。本書で説明した飛躍的な利益と可能性でさえ、新しいＯＳがもたらすもののごく一部にすぎないのだから。

謝辞

本書の執筆では、南カリフォルニア大学の効率的組織研究所、企業生産性研究所、マーサー、ウィリス・タワーズ・ワトソンの同僚たちから刺激とチャレンジを受けた。

特にマーサーの同僚たちからの励ましと支援、イリヤ・ボニッチが寄せてくれた思慮深いコメント、そしてウィリス・タワーズ・ワトソンと元同僚のトレーシー・マルコム、キャロル・ハサウェイ、ローリー・ビエンストックの支援と貢献にお礼を申し上げる。

原稿段階で意見を寄せてくださった方々の助言と洞察に感謝する。ＭＩＴプレスの素晴らしいチーム、特にキャスリーン・カルーソとポール・ミシェルマンに感謝する。編集者のエミリー・テーバーの忍耐とサポート、指導と洞察によって本書はより良いものになった。

最後に、私たちの人生の同伴者であるモーリーン・ジェスターサンとメーガン・ブードローに感謝する。彼女たちの支援と励ましがなければこの本の完成はなかった。

監訳者あとがき

人材の最適活用の新潮流——ジョブを基礎としない働き方

新しいワーク・オペレーティングシステムとは

政治・経済・社会・環境……私たちを取り巻く環境の大きな変化の中で、企業と従業員の関係も変わりつつある。会社がパーパスを追求し事業戦略を遂行する上で、社内外の人的資本に関してどのように調達・投資・形成していくか、その選択肢が多様化している。

本書は、欧米企業の実態をふまえ、従来の人材活用法の行き詰まりを指摘し、新しい人材活用法の必要性とその実行方法を論じるものだ。

パソコンやスマートフォンなどは、オペレーティングシステム（OS）によって、どのようなアプリがどのようなプロトコルで機能するのかが決まる。著者たちは、このOSという概念を援用し、企業（組織）が人材を活用するときの「仕事と個人の紐づけのあり方」をワーク・オペレーティングシステム（ワークOS）と呼ぶ。このワークOSによって、どのような人材がどのような働き方をするのかが決まる。

本書が推奨する新しい人材活用法、すなわち「新しいワークOS」の基本中の基本は、①組織を構成するジョブ（職務、ポスト）を、タスクやプロジェクトといった構成要素に分解し、②働く個人を、現在と過去の職務やポストだけで見るのではなく、能力《ケイパビリティ》やスキルを解像度高く把握した上で、③分解した仕事（タスクやプロジェクト）と人（能力やスキル）を最適なかたちに組み直すというものだ。

新しいワークOSのもとでは、組織構造や個人の所属等にとらわれることなく、ジョブと個人の分解と新たな組み合わせ（再構築）がつねに行われ、組織にもリーダーにも働く個人にも、はるかに柔軟な選択肢が与えられる。

固定的な職務やポストのない組織といえば、たとえば、役割とタスクの自己管理によって仕事を進めていくホラクラシーという概念が知られている（ザッポスの例が有名）。だが本書は、ホラクラシーに限らず、何か特定の組織形態を推奨しているわけではない。組織の階層をなくしてフラットにすべきとか、雇用関係を廃してフリーエージェント的な人材に切り替えるといったことを推奨しているわけでもない。

結果として、そうなることはあるかもしれないが、あくまでも基本は、ジョブをタスクやプロジェクトに、個人を能力やスキルに分解して、その最適なマッチングを実現するということだ。それを追求した結果、引き続き伝統的な組織、伝統的な雇用形態が最適であるケースもないとは限らない。問題は伝統的なワークOS以外の選択肢を検討の範囲に入れないことである。新しいワークOSを採用すべき事業、分野がないか、ぜひ検討していただきたい。

ジョブ型雇用を説く本ではない

日本企業においては現在、「メンバーシップ型雇用」、「ジョブ型雇用」という言葉が頻繁に論じられている（どちらも日本での呼び名で、欧米ではそのような名前はついていない）。

メンバーシップ型雇用とは、会社は従業員に雇用を保障し、従業員は会社から与えられるどんなジョブ（職務）にも従事するというもので、年功賃金や終身雇用がともなう。グローバル化、デジタル化、少子高齢化にともなう労働人口の減少、働く個人の多様化といった時代の大きなうねりの中で、その変革を迫られており、ジョブ型への取り組みを進めている日本企業も多い。

ジョブ型雇用とは、事業戦略を実現するための組織を構成するジョブを定義し、ジョブをベースとして、ジョブに正社員を採用・アサインするという考え方である。従業員は特定のジョブの履行を企業に約束し、企業はジョブの内容に見合った適正な対価を支払うことを約束する雇用システムである。

だが、本書はジョブ型雇用を奨励する本ではない。なぜなら、本書が分析対象としている欧米企業ではジョブ型雇用が当然だからである。本書は、それが限界にぶつかっている現状をふまえ、それを乗り越えるためのソリューションを提示しているのである。

一見すると、日本企業が新しいものとして追求している人材活用方法が克服の対象として論じられているように思えるかもしれない。しかし、ジョブ型をめざすこと自体が間違いなのではない。ただ、多くの欧米企業における現状（日本で「ジョブ型」と呼ばれ、本書では「伝統的なワークOS」として論じられている方式）の先を行く新しい考え方――すなわち新しいワークOS――を採用すべきである、というのが本書の内容だ。

本書を読むことで、欧米企業が体験しているジョブ型の限界を知り、ジョブ型を導入する際には、最初から、その限界に免疫のある新しいワークOSをインストールしなくてはならない。本書はそのための貴重な研究の報告である。

著者について

著者のラヴィン・ジェスターサンは、マーサーのトランスフォーメーション・サービス事業のグローバルリーダー。未来の仕事とワークフォース・トランスフォーメーションに関する世界的なオピニオンリーダー、フューチャリスト、著者として知られる。世界経済フォーラムでは、仕事の変革とグローバル人材に関する画期的な研究をはじめ、数多くの研究プロジェクトを主導している。

ジョン・W・ブードローは、南カリフォルニア大学マーシャル・スクール・オブ・ビジネス（MBA）の名誉教授（経営・組織学）で、リサーチ・ディレクターを務めている。組織を持続的成長軌道に乗せるための人材の活用と開発、HR戦略、人事情報システムなどを研究している。スタートアップからグローバル企業、政府機関、非営利団体など、数多くの組織に助言を与えている。

日本企業への示唆

新しいワークOSへの移行は、事業環境の著しい変化、グローバル化、人材獲得競争の激化（日本では特に少子高齢化の影響が大きい）、コロナ禍によりさらに加速されたリモートワーク化などによって必然的な流れになろうとしている。

AIとロボティクスの普及も、間違いなくこの変化を加速するだろう。まったく新しいパラダイムであり、未来論的なイメージを持つ読者もいらっしゃるかもしれないが、確実に出現する変化である。デジタル化でさまざまなITプラットフォームが多数現れ、日進月歩を続ける中で、企業と労働者の関係が大きく変化しようとしている。

企業のコアのジョブについても、フルタイム正社員以外の多様な就労形態（契約社員、ギグワーカー、パートナー等）の働き手に担わせる動きが加速していることが紹介されている。日本でもその動きは、特に事業環境の変化によって内部で蓄積されていないスキルや能力を埋めるかたちで、一部に見られ始めている。

新しい働き方においてはアジャイルなアプローチが有効である。これはソフトウエア開発の分野に導入された開発手法だが、それが一般化して、幅広い領域で、意識改革や仕事の進め方の変革のために採用されている。以下がその3原則だ（48ページ参照）。

- プロセスやツールより、個人と個人間の相互作用を優先する。
- 良いものを追求するための顧客とのコラボレーションを優先する。
- 計画に従うことより、変化に対応することを優先する。

これなら、日本企業は従来から実行してきたと思う読者もいるかもしれない。だが、環境の変化で、こうした特性を発揮しにくくなっている企業もあるのではないだろうか。

企業と個人に求められる変化

新しいワークOSへの移行は、企業サイドから見ると、組織の構成や働き方を再定義することである。その際、会社全体で一つのソリューションを見つけるのではなく、事業の内容やステージ、階層や職種等によって部分最適を模索することになる可能性が高い。また、一度決めたら終わりではなく、変化に対応しつづけなければならない。

伝統的なワークOSでは、従業員について、特定のジョブ（職務）の要件に合致するかどうかということ以上の情報を会社が認知していないことが多い。欧米企業でもそのレベルにとどまっていることが多いことが本書からうかがえる。

それに対し、新しいワークOSは、働く個人の全体（whole person）を捉えようとする。ジョブ

（職務）と個人を一対一対応させるのではなく、ジョブを分解した複数のタスクと個人が持っているさまざまな能力・スキルを多対多で対応させることで、最適なマッチングを実現するためだ。

本文に出てくる例だが、小売業の会社が、伝統的ＯＳのままレジの精算業務を自動化しようとするとどうなるか。本書の従業員の能力は「レジ担当」という職務履歴によってしか把握できていないので、レジの自動化にともない、この従業員を解雇し、自動精算システムのプログラミングと保守ができる従業員を新たに雇うしかないと考えることになる。

しかし実際には、レジ打ちの従業員が通信講座や地元の大学の社会人講座などで、コンピュータ・コーディングやシステム管理などの業務に必要な教育を受けていることがある。会社がそのことを知っていたら、会社のことをよく知っている人が自動化の導入に携わることができる。

このように、隣接能力も含めて会社側が従業員の全体像を把握できていたら、会社にとっても個人にとっても大きなメリットがあるはずだ。それを可能にするのが、本書が提唱する新しいワークＯＳなのである。

事業環境も、働く個人に求められる能力やスキルも、激しい変化にさらされている。事業戦略を遂行するためにどのような組織・ジョブが必要なのか、それに必要な人材をどこから調達するのか。今いる人材をどう活用するのか、引き留めるのか、エンゲージさせていくのか。

このような時代には、社内でも社外でも、ある職務の全体に完璧にマッチする人材を見出すことは難しい。繰り返しになるが、仕事をタスクに分解した上で、個人の能力とのベストな組み合わせを探る必要がある。必要な人材は必ずしも正社員とは限らない。業務契約者、契約社員、パートタイマーかもしれないし、ギグワーカーかもしれない。

組織のどこに新しいOSを必要とする差し迫った状況があるのか。どこに新しいOSが大きな価値を生む分野があるのか。そうしたことを見きわめる上でも、本書を参考にし、未来に備えていただきたい。

このような仕事の未来を働き手の立場から見ると、キャリアの選択肢が大きく広がる世界ということになる。現在定義されているジョブ（職務）を任される正社員として雇用されることばかりを追求する価値観を捨て、自分は何ができるのか、得意なのか、スキルは何か、将来的に目指したいことを担うためには何を高めていったらよいのかを特定し、人間性を含めて磨き、蓄えていくといったキャリア自律が求められることになる。

社会政策のあり方

メンバーシップ型雇用からジョブ型雇用への流れのなかでも議論が始まっていることではあるが、人材の流動性を高めること、正社員だけでなく多様な雇用形態や働き方を含む人材市場を形成していくことが、日本経済にとってもグローバル経済にとっても産業構造を適切に転換し、持続的に成長していくための鍵となる。

そのためには、正社員雇用が主であることを前提とした種々の仕組みの見直しを図るとともに、本書の第7章が詳細に論じているように、プラットフォーム・ワーカーの権利や社会保障等、労働者が適切に保護される法制や仕組みを整備していくことも必要であろう。

仕事の未来に向けて

もちろん、自社の現時点の従業員の特性・強みは何か、それを最大限活用するにはどうしたらよいかを考えることも必要であり続ける。常に大きな割合で人材を社外市場と入れ替え続け、新たな人材にゼロベースで自社のパーパスを共有し、価値観を浸透させることは容易ではないからだ。

一方で、自社・組織の事業環境の変化、戦略の発展に合わせ、社内外の（かつグローバルな）労働市場から幅広く、またさまざまな働き方の人材から、最適な人材を選定することも重要になってくる。そうした状況では、どのような人材に、どこまで目的意識や戦略的方向性を共有する必要があるかを判断し、適切な共有のための施策を実行することも肝要だ。

仕事のあり方の変化、仕事の進め方の選択肢の増加・多様化のなかで、社内外の人的資本をどのように組み合わせて、活用していくのか、複雑で多様な選択肢の中から常に最適解を考え続けることが必要な時代になってきている。

監訳者を代表して　松見純子

原注

Introduction　新しいワーク・オペレーティングシステム

1. Edie Goldberg and Kelley Steven-Waiss, *The Inside Gig: How Sharing Untapped Talent across Boundaries Unleashes Organizational Capacity* (Vancouver, BC, Canada: LifeTree Media, 2020).
2. John W. Boudreau, Ravin Jesuthasan, and David Creelman, *Lead the Work: Navigating a World beyond Employment* (Hoboken, NJ: John Wiley & Sons, 2015).
3. Boudreau, Jesuthasan, and Creelman, *Lead the Work*.
4. John W. Boudreau, "Why Work Platforms Are the Future for American Laborers," Resource Corner, February 27, 2017, https://www.cornerstoneondemand.com/rework/work-platform-new-%E2%80%9Cjob-displaced-workers.
5. "Politicians Cannot Bring Back Old-Fashioned Factory Jobs," *Economist*, January 14, 2017, http://www.economist.com/news/briefing/21714330-they-dont-make-em-any-more-politicians-cannot-bring-back-old-fashioned-factory-jobs.
6. Andrew Tangel, "Companies Plow Ahead with Moves to Mexico, despite Trump's Pressure," *Wall Street Journal*, February 8, 2017, https://www.wsj.com/articles/rexnord-plows-ahead-with-mexico-plans-despite-trumps-pressure-1486555201.
7. "Will the Pandemic Push Knowledge Work into the Gig Economy?," *Harvard Business Review*, June 1, 2020, https://hbr.org/2020/06/will-the-pandemic-push-knowledge-work-into-the-gig-economy.
8. "A Labor Market That Works: Connecting Talent with Opportunity in the Digital Age," McKinsey & Company, June 2015, https://www.mckinsey.com/~/media/McKinsey/Featured%20Insights/Employment%20and%20Growth/Connecting%20talent%20with%20opportunity%20in%20the%20digital%20age/MGI%20Online%20talent_A_Labor_Market_That_Works_Executive_%20summary_June%202015.ashx.
9. "COVID-19 Has Ushered in the 'Intangible Company': Here Are 4 Ways It Will Change Business," World Economic Forum, June 16, 2020, https://www.weforum.org/agenda/2020/06/covid-19-intangible-company-leadership-remote-working/.
10. Ravin Jesuthasan and John W. Boudreau, *Reinventing Jobs: A 4-Step Approach for Applying Automation to Work* (Boston, MA: Harvard Business Review Press, 2018); Boudreau, Jesuthasan, and Creelman, *Lead the Work*.
11. James Bessen, "Toil and Technology," Finance & Development, March 2015,

International Monetary Fund, https://www.imf.org/external/pubs/ft/fandd/2015/03/bessen.htm.
12. Thomas Heath, "Bank Tellers Are the Next Blacksmiths," *Washington Post*, February 8, 2017, https://www.washingtonpost.com/business/economy/bank-tellers-are-the-next-blacksmiths/2017/02/08/fdf78618-ee1c-11e6-9662-6eedf1627882_story.html.
13. Amber Murakami-Fester, "Why Bank Tellers Won't Become Extinct Any Time Soon," Daily Commercial, March 30, 2017, https://www.dailycommercial.com/business/20170330/why-bank-tellers-wont-become-extinct-any-time-soon.
14. Thomas Bailey and Clive R. Belfield, "Stackable Credentials: Awards for the Future?," Working paper no. 92, Columbia University Community College Research Center, 2017, 8, https://ccrc.tc.columbia.edu/publications/stackable-credentials-awards-for-future.html.
15. Boudreau, Jesuthasan, and Creelman, *Lead the Work*.
16. Richard Salame, "The New Taylorism," *Jacobin*, February 20, 2018, https:// www.jacobinmag.com/2018/02/amazon-wristband-surveillance-scientific-management.
17. Salame, "The New Taylorism."
18. William Bridges, "The End of the Job," *Fortune*, September 19, 1994.
19. Bridges, "The End of the Job."
20. Amy Wrzesniewski and Jane E. Dutton, "Crafting a Job: Revisioning Employees as Active Crafters of Their Work," *Academy of Management Review* 26, no. 2 (2001): 179–201.
21. Arnold B. Bakker and Evangelia Demerouti, "Job Demands-Resources Theory: Taking Stock and Looking Forward," *Journal of Occupational Health Psychology* 22, no. 3 (2017): 273–285.
22. Alessandra Lazazzara, Maria Tims, and Davide de Gennaro, "The Process of Reinventing a Job: A Meta–Synthesis of Qualitative Job Crafting Research," *Journal of Vocational Behavior* 116, no. 103267 (2020): 103267.
23. Richard Feloni, "Zappos' CEO Says This Is the Biggest Misconception People Have about His Company's Self-Management System," *Business Insider*, February 2, 2016, https://www.businessinsider.com/zappos-ceo-tony-hsieh-on-misconception-about-holacracy-2016-2.
24. Bourree Lam, "What Happened after Zappos Got Rid of Workplace Hierarchy," *Atlantic Monthly*, January 15, 2016, https://www.theatlantic.com/business/archive/2016/01/zappos-holacracy-hierarchy/424173/.
25. Christina DesMarais, "Your Employees Like Hierarchy (No, Really)," Inc., August 16, 2012, http://www.inc.com/christina-desmarais/your-employees-like-hierarchy-no-really.html.
26. "Jeffrey Pfeffer: Do Workplace Hierarchies Still Matter?," Stanford Graduate School of Business, March 24, 2014, https://www.gsb.stanford.edu/insights/jeffrey-pfeffer-do-workplace-hierarchies-still-matter; Jeffrey Pfeffer, "You're Still the Same: Why Theories of Power Hold over Time and across Contexts," *Academy of Management Perspectives* 27, no. 4 (2013): 269–280.

Chapter1　新しい仕事観と人間観

1. Ravin Jesuthasan and John Boudreau, *Reinventing Jobs: A 4-Step Approach for Applying Automation to Work* (Boston, MA: Harvard Business Review Press, 2018).
2. John W. Boudreau, "Jobs Are Melting into Fluid Work," Center for Effective Organizations, September 29, 2020, https://ceo.usc.edu/2020/09/29/jobs-are-melting-jobs-into-fluid-work/.
3. John W. Boudreau, *Retooling HR: Using Proven Business Tools to Make Better Decisions about Talent* (Boston, MA: Harvard Business Review Press, 2014); John W. Boudreau and Ravin Jesuthasan, *Transformative HR: How Great Companies Use Evidence-Based Change for Sustainable Advantage* (Nashville, TN: John Wiley & Sons, 2011).
4. "The Future of Work after COVID-19," McKinsey Global Institute, February 18, 2021, https://www.mckinsey.com/featured-insights/future-of-work/the-future-of-work-after-covid-19#.

Chapter 2　ワーク・オートメーション

1. "Luddite," Wikipedia, March 15, 2021, https://en.wikipedia.org/w/index.php?title=Luddite&oldid=1012207760.
2. "This Robot Scientist Conducted Experiments by Itself during COVID-19 Lockdown," World Economic Forum, August 4, 2020, https://www.weforum.org/agenda/2020/08/robot-scientist-experiments-covid-19-lockdown/.
3. "Tommy the Robot Nurse Helps Italian Doctors Care for COVID-19 Patients," TheWorld, April 8, 2020, https://www.pri.org/stories/2020-04-08/tommy-robot-nurse-helps-italian-doctors-care-covid-19-patients.
4. Evan Ackerman, "Autonomous Robots Are Helping Kill Coronavirus in Hospitals," IEEE Spectrum, March 11, 2021, https://spectrum.ieee.org/automaton/robotics/medical-robots/autonomous-robots-are-helping-kill-coronavirus-in-hospitals.
5. China Xinhua News (@XHNews), "Amid a Novel Coronavirus Outbreak, Robots Are Deployed to Deliver Meals to Travelers in Isolation at a Hotel in Hangzhou, China," Twitter, January 7, 2021, https://twitter.com/XHNews/status/1221782244525858819.
6. Pratik Jakhar, "Coronavirus: China's Tech Fights Back," BBC, March 3, 2020, https://www.bbc.com/news/technology-51717164.
7. Zak Doffman, "This New Coronavirus Spy Drone Will Make Sure You Stay Home," *Forbes Magazine*, March 5, 2020, https://www.forbes.com/sites/zakdoffman/2020/03/05/meet-the-coronavirus-spy-drones-that-make-sure-you-stay-home/.
8. "The Future Chief People Officer: Imagine. Invent. Ignite," Society for Human Resources Management, January 17, 2020, https://www.willistowerswatson.com/en-US/Insights/2020/01/the-future-chief-people-officer-imagine-invent-ignite.

9. Ravin Jesuthasan and John W. Boudreau, *Reinventing Jobs: A 4-Step Approach for Applying Automation to Work* (Boston, MA: Harvard Business Review Press, 2018).
10. Bob Trebilcock, "NextGen Supply Chain at DHL," Modern Materials Han- dling, March 3, 2018, https://www.mmh.com/article/next_gen_supply_chain_at_dhl.
11. Vishnu Rajamanickam, "JD.com Opens Automated Warehouse That Employs Four People but Fulfills 200,000 Packages Daily," Freight Waves, June 25, 2018, https://www.freightwaves.com/news/technology/jdcom-opens-automated-warehouse-that-employs-four-people-but-fulfills-200000-packages-daily.

Chapter 3　自由で創造的な働き方

1. Joe Gardyasz, "Iowa Manufacturers Pivot Quickly to Produce PPE for Health-Care Workers," *Innovation Iowa Magazine*, May 21, 2020, https://innovationia.com/2020/05/21/iowa-manufacturers-pivot-quickly-to-produce-ppe-for-health-care-workers/.
2. Michelle Mark, "An American Factory Owner Who Pivoted to Making Face Shields in 8 Days Has 3 Steps Others Can Follow to Transform Their Factories," *Business Insider*, April 9, 2020, https://www.businessinsider.com/how-us-factories-can-pivot-to-make-ppe-2020-4.
3. "How Businesses Are Pivoting to Make PPE for Front-Line Workers," NBC San Diego, April 10, 2020,://www.nbcsandiego.com/lx/how-businesses-are-pivoting-to-make-ppe-for-front-line-workers/2308006/.
4. "Pivot Power—How GM and Hitachi Moved from Autos to Medical Masks in Six Days," Hitachi, accessed April 9, 2021, https://social-innovation.hitachi/en-us/case_studies/pivot-power-gm-hitachi/.
5. "Renfro CEO: Pivot to PPE Prevented Furloughs, Proved Versatility," Surry County Economic Development Partnership, August 28, 2020, https://www.surryedp.com/renfro-ceo-pivot-to-ppe-prevented-furloughs-proved-versatility/.
6. Eric Volkman, "Kroger to Accept Furloughed Sysco Employees as Temporary Workers," The Motley Fool, March 30, 2020, https://www.fool.com/investing/2020/03/30/kroger-to-accept-furloughed-sysco-employees-as-tem.aspx.
7. Joe Gardyasz, "Iowa Manufacturers Pivot Quickly to Produce PPE for Health-Care Workers," innovationIOWA, May 21, 2020, https://innovationia.com/2020/05/21/iowa-manufacturers-pivot-quickly-to-produce-ppe-for-health-care-workers/.
8. Sameer Hasija, V. "Paddy" Padmanabhan, and Prashant Rampal, "Will the Pandemic Push Knowledge Work into the Gig Economy?," *Harvard Business Review*, June 1, 2020, https://hbr.org/2020/06/will-the-pandemic-push-knowledge-work-into-the-gig-economy.
9. Patricia Cohen, "This Plan Pays to Avoid Layoffs. Why Don't More Employers Use It?," *New York Times*, August 20, 2020, https://www.nytimes.com/2020/08/20/business/economy/jobs-work-sharing-unemployment.html.
10. Melanie Gilarsky, Ryan Nunn, and Jana Parsons, "What Is Work Sharing and How

Can It Help the Labor Market?," *Brookings*, April 16, 2020, https:// www.brookings.edu/blog/up-front/2020/04/16/what-is-work-sharing-and-how-can-it-help-the-labor-market/.
11. Eric Davis, "i4cp's Talent Ecosystem Integration Model," Institute for Corporate Productivity (i4cp), December 17, 2019, https://www.i4cp.com/infographics/infographic-building-agile-talent-ecosystems.
12. Natalia Peart, "Four HR Officers Create a Solution to Connect People to Work," *Forbes Magazine*, December 9, 2020, https://www.forbes.com/sites/nataliapeart/2020/12/09/four-hr-officers-create-a-solution-to-connect-people-to-work/.
13. John W. Boudreau, Ravin Jesuthasan, and David Creelman, *Lead the Work* (Hoboken, NJ: John Wiley & Sons, 2015).

Chapter 4　新しいキャリア開発の視点

1. "Computer and Information Technology Occupations," U.S. Bureau of Labor Statistics, May 14, 2021, https://www.bls.gov/ooh/computer-and-information-technology/home.htm.
2. Ginni Rometty, "We Need to Fill 'New Collar' Jobs That Employers Demand: IBM's Rometty," *USA Today*, December 13, 2016, https://www.usatoday.com/story/tech/columnist/2016/12/13/we-need-fill-new-collar-jobs-employers-demand-ibms-rometty/95382248/.
3. "Make It," CNBC, March 2, 2016, https://www.cnbc.com/make-it/.
4. "IBM News Room," accessed June 26, 2021, https://www-03.ibm.com/press/us/en/pressrelease/52552.wss.
5. Rodney Petersen, Danielle Santos, Matthew C. Smith, Karen A. Wetzel, and Greg Witte, "Workforce Framework for Cybersecurity (NICE Framework)," National Institute of Standards and Technology, https://nvlpubs.nist.gov/nistpubs/SpecialPublications/NIST.SP.800-181r1.pdf.
6. "16 More Industry Leaders Commit to Principles to Grow the Nation's Cybersecurity Workforce—the Aspen Institute," February 26, 2020, https:// www.aspeninstitute.org/news/press-release/growing-cybersecurity-workforce/.
7. Quoted in Thomas Bailey and Clive R. Belfield, "Stackable Credentials: Awards for the Future?," Working paper no. 92, Columbia University Community College Research Center, 2017, https://ccrc.tc.columbia.edu/publications/stackable-credentials-awards-for-future.html.
8. Bailey and Belfield, "Stackable Credentials."
9. Bailey and Belfield, "Stackable Credentials."
10. Rachel Vilsack, "Workforce Update: Workers without a College Degree Are Disproportionately Impacted by Covid-19 Job Losses," National Skills Coalition, July 9, 2020. https://www.nationalskillscoalition.org/blog/higher-education/workforce-update-workers-without-a-college-degree-are-disproportionately-

impacted-by-covid-19-job-losses/.
11. "Military Crosswalk Search," O*Net Online, accessed April 9, 2021, https:// www.onetonline.org/crosswalk/MOC?b=A&s=leader&g=Go.
12. "The Reskilling Revolution: Better Skills, Better Jobs, Better Education for a Billion People by 2030," World Economic Forum, January 22, 2020, https:// www.weforum.org/press/2020/01/the-reskilling-revolution-better-skills-better-jobs-better-education-for-a-billion-people-by-2030.
13. Kyle Demaria, Kyle Fee, and Keith Wardrip, "Exploring a Skills-Based Approach to Occupational Mobility," 2020, Federal Reserve Bank of Philadelphia and Federal Reserve Bank of Cleveland, https://www.philadelphiafed.org/-/media/frbp/assets/community-development/reports/skills-based-mobility.pdf?la=en.
14. "Occupational Mobility Explorer," accessed June 26, 2021, https://www.philadelphiafed.org/surveys-and-data/community-development-data/occupational-mobility-explorer.
15. Kate Whiting, "This Is How AI Can Unlock Hidden Talent in the Workplace," accessed June 26, 2021, https://www.weforum.org/agenda/2021/06/jobs-work-skills-future-automation-ai/.
16. Jill Larsen, "At Cisco, We're Trying to Create Our Own 'Gig Economy' for Employees," Ere, May 19, 2017, https://www.ere.net/at-cisco-were-trying-to-create-our-own-gig-economy-for-employees/.
17. "EmPath," accessed April 9, 2021, https://www.empath.net/.

Chapter 5　仕事の解体と再構築をつづける

1. Yaarit Silverstone, Himanshu Tambe, and Susan M. Cantrell, "HR Drives the Agile Organization," Accenture, accessed April 9, 2021, https://www.accenture.com/t20160913T220140w/us-en/_acnmedia/Accenture/Conversion-Assets/DotCom/Documents/Global/PDF/Strategy_3/Accenture-Future-of-HR-Trends-Agile-Organizations.pdf.
2. Morgan R. Frank, David Autor, James E. Bessen, Erik Brynjolfsson, Manuel Cebrian, David J. Deming, Maryann Feldman, Matthew Groh, José Lobo, Esteban Moro, Dashun Wang, Hyejin Youn, and Iyad Rahwan, "Toward Understanding the Impact of Artificial Intelligence on Labor," *Proceedings of the National Academy of Sciences* 116, no. 14 (April 2019): 6531–6539, https://doi.org/10.1073/pnas.1900949116.
3. Kevin Kelly, *The Inevitable: Understanding the 12 Technological Forces That Will Shape Our Future* (New York: Penguin Press, 2017).（ケヴィン・ケリー『〈インターネット〉の次に来るもの』NHK出版）
4. Kelly, *The Inevitable*.（ケリー『〈インターネット〉の次に来るもの』）
5. Arthur Yeung and Dave Ulrich, *Reinventing the Organization: How Companies Can Deliver Radically Greater Value in Fast-Changing Markets* (Boston, MA: Harvard Business Review Press, 2019).

6. "Holacracy," accessed April 9, 2021, https://www.holacracy.org/.
7. Gary Hamel and Michele Zanini, *Humanocracy: Creating Organizations as Amazing as the People inside Them* (Boston, MA: Harvard Business Review Press, 2020).
8. Ravin Jesuthasan, "Metrics for the Future of Work," HR Tech Outlook, accessed April 9, 2021,, https://hr-analytics.hrtechoutlook.com/cxoinsights/metrics-for-the-future-of-work-nid-765.html.

Chapter 6　新しいOSの問題点と解決策

1. John W. Boudreau and Pete Ramstad, "COVID's Hidden Promise: Future Work Design is Agile Innovation," LinkedIn, February 9, 2021, https://www.linkedin.com/pulse/covids-hidden-promise-future-work-design-agile-john-boudreau/.
2. Boudreau and Ramstad, "COVID's Hidden Promise."
3. John W. Boudreau, *Retooling HR: Using Proven Business Tools to Make Better Decisions about Talent* (Boston, MA: Harvard Business Review Press, 2014).
4. Mike Walsh, "When Algorithms Make Managers Worse," *Harvard Business Review*, May 8, 2019, https://hbr.org/2019/05/when-algorithms-make-managers-worse.
5. John W. Boudreau, Carolyn Lavelle Rearick, and Ian Ziskin, *Black Holes and White Spaces: Reimagining the Future of Work and HR with the CHREATE Project* (Alexandria, VA: Society for Human Resources Management, 2018).
6. Antonio Zappulla, "The Future of Business? Purpose, Not Just Profit," World Economic Forum, January 17 2019, https://www.weforum.org/agenda/2019/01/why-businesses-must-be-driven-by-purpose-as-well-as-profits/.
7. "HR4.0: Shaping People Strategies in the Fourth Industrial Revolution," World Economic Forum, December 2019, http://www3.weforum.org/docs/WEF_NES_Whitepaper_HR4.0.pdf.
8. "An Exciting New Normal for Flexible Working," Unilever, June 23, 2020, https://www.unilever.com/news/news-and-features/Feature-article/2020/an-exciting-new-normal-for-flexible-working.html.
9. "Understanding and Measuring Job Quality, Part 2: Indicators of Job Quality," Chartered Institute of Personnel and Development (CIPD), January 8, 2018, 4, https://www.cipd.co.uk/knowledge/work/job-quality-value-creation/measuring-job-quality-report.
10. "Mutual Gains Approach," Wikipedia, April 14, 2018, http://en.wikipedia.org/w/index.php?title=Mutual_Gains_Approach&oldid=836449404.
11. John W. Boudreau and Jonathan Donner, "Are You Ready to Lead Work without Jobs?," *Sloan Management Review*, April 8, 2021, https://sloanreview.mit.edu/article/are-you-ready-to-lead-work-without-jobs/.
12. Ravin Jesuthasan and John W. Boudreau, *Reinventing Jobs: A 4-Step Approach for Applying Automation to Work* (Boston, MA: Harvard Business Review Press, 2018).
13. Robert Goffee and Gareth Jones, *Why Should Anyone Be Led by You?: What It Takes to Be an Authentic Leader* (Boston, MA: Harvard Business Review Press, 2006).

14. John W. Boudreau and Jonathan Donner, "Are You Ready to Lead Work without Jobs?"

Chapter 7　プラットフォーム・ワーカーを守る

1. John W. Boudreau, "Work in the Future Will Fall into These 4 Categories,"*Harvard Business Review*, March 17, 2016, https://hbr.org/2016/03/work-in-the-future-will-fall-into-these-4-categories.
2. Joseph Fuller, Manjari Raman, Allison Bailey, and Nithya Vaduganathan, "Rethinking the On-Demand Workforce," *Harvard Business Review*, November 1, 2020, https://hbr.org/2020/11/rethinking-the-on-demand-workforce.
3. "The Promise of Platform Work: Understanding the Ecosystem," World Economic Forum, January 2020, http://www3.weforum.org/docs/WEF_The_Promise_of_Platform_Work.pdf.
4. Wayne F. Cascio and John W. Boudreau, "Talent Management of Nonstandard Employees," in *The Oxford Handbook of Talent Management*, ed. David G. Collings, Kamel Mellahi, and Wayne F. Cascio (Oxford, UK: Oxford University Press, 2017), 494–520.
5. Christa L. Wilkin, "I Can't Get No Job Satisfaction: Meta-Analysis Comparing Permanent and Contingent Workers," *Journal of Organizational Behavior* 34, no. 1 (2013): 47–64, https://onlinelibrary.wiley.com/doi/abs/10.1002/job.1790.
6. Michael Clinton, Claudia Bernhard-Oettel, Thomas Rigotti, and Jeroen de Jong, "Expanding the Temporal Context of Research on Non-Ppermanent Work: Previous Experience, Duration of and Time Remaining on Contracts and Employment Continuity Expectations." *Career Development International* 16, no. 2 (2011): 114–139, https://doi.org/10.1108/13620431111115596.
7. Lydia Aletraris, "How Satisfied Are They and Why? A Study of Job Satisfaction, Job Rewards, Gender and Temporary Agency Workers in Australia," *Human Relations: Studies towards the Integration of the Social Sciences* 63, no. 8 (2010): 1129– 1155, https://doi.org/10.1177/0018726709354131.
8. Peter Allan and Stephen Seinko, "A Comparison of Contingent and Core Workers' Perceptions of Their Jobs' Characteristics and Motivational Properties," *S. A. M. Advanced Management Journal* 62, no. 3 (1997): 4–9.
9. Joseph P. Broschak and Alison Davis-Blake, "Mixing Standard Work and Nonstandard Deals: The Consequences of Heterogeneity in Employment Arrangements," *Academy of Management Journal* 49, no. 2 (2006): 371–393, https://doi.org/10.5465/amj.2006.20786085.
10. John W. Boudreau and Robert Cross, "Are Freelancers Your Best Performers? Applying ONA to the Gig Economy," Visier, May 8, 2018, https://www.visier.com/clarity/freelancers-best-performers-organizational-network-analysis-gig-economy.
11. This section based on Boudreau and Cross, "Are Freelancers Your Best Performers?"
12. "Organizational Network Analysis," Wikipedia, January 21, 2021, https:// en.wikipedia.

org/w/index.php?title=Organizational_network_analysis&oldid=1001831977.
13. "What Is Organizational Network Analysis (ONA)?," Rob Cross, February 16, 2020, https://www.robcross.org/what-is-organizational-network-analysis/.
14. Rob Cross and Robert J. Thomas, "A Smarter Way to Network," *Harvard Business Review*, July–August 2011, https://hbr.org/2011/07/managing-yourself-a-smarter-way-to-network.
15. Rob Cross, Rob, Tina Opie, Greg Pryor, and Keith Rollag, "Connect and Adapt," *Organizational Dynamics* 47, no. 2 (2018): 115–123, https://doi.org/10.1016/j.orgdyn.2017.08.003.
16. John W. Boudreau, "New Ways of Getting Work Require a Common Language of Work," CFO, March 25, 2015, https://www.cfo.com/people/2015/03/in-a-new-era-of-work-skills-are-lost-in-translation-failure-to-communicate/.
17. "7 Ways the Private Sector Can Contribute to Universal Health Coverage," World Economic Forum, September 20, 2019, https://www.weforum.org/agenda/2019/09/7-ways-the-private-sector-can-contribute-to-universal-health-coverage.
18. "Universal Health Coverage," Worldbank, accessed April 10, 2021, https:// www.worldbank.org/en/topic/universalhealthcoverage.
19. "The Promise of Platform Work: Understanding the Ecosystem," World Economic Forum, January 2020, 12, http://www3.weforum.org/docs/WEF_The_Promise_of_Platform_Work.pdf; Karolien Lenaerts, Willem Pieter De Groen, Zachary Kilhoffer, Romain Bosc, and Nicolas Salez, "Online Talent Platforms, Labour Market Intermediaries and the Changing World of Work," CEPS, May 16, 2018, https://www.ceps.eu/ceps-publications/online-talent-platforms-labour-market-intermediaries-and-changing-world-work/.
20. Chris Forde, Mark Stuart, Simon Joyce, Liz Oliver, Danat Valizade, Gabriella Alberti, Kate Hardy, Vera Trappmann, Charles Umney, and Calum Carson, "The Social Protection of Workers in the Platform Economy," European Parliament, December 7, 2017, 11, https://www.europarl.europa.eu/thinktank/en/document.html?reference=IPOL_STU(2017)614184.
21. Andrew Boozary, "Universal Health Care: The Affordable Dream," *Harvard Public Health Review*, April 16, 2015, http://harvardpublichealthreview.org/universal-health-care-the-affordable-dream/.
22. "Universal Basic Income," Wikipedia, April 6, 2021, https://en.wikipedia.org/w/index.php?title=Universal_basic_income&oldid=1016400831.
23. "Andrew Yang for Mayor of NYC: Forward New York," Yang2020, accessed April 10, 2021, https://www.yang2020.com/what-is-freedom-dividend-faq/.
24. Guy Standing, "Coronavirus Has Made Basic Income Not Just Desirable but Vital," World Economic Forum, April 13, 2020, https://www.weforum.org/agenda/2020/04/coronavirus-made-basic-income-vital/.
25. Vili Lehdonvirta, "Could Universal Basic Income Counter the Gig Economy's Problems?," Oxford Internet Institute, April 13, 2017, https://ilabour.oii.ox.ac.uk/could-universal-basic-income-counter-the-gig-economys-problems/.

26. The World Bank, "Protecting People and Economies: Integrated Policy Responses to COVID-19," The World Bank, May 17, 2020, 13, https://openknow ledge.worldbank.org/handle/10986/33770.
27. Sarah Holder, "2021 Will Be the Year of Guaranteed Income Experiments," Bloomberg CityLab, January 4, 2021, https://www.bloomberg.com/news/articles/2021-01-04/guaranteed-income-gains-popularity-after-covid-19.
28. Heather Somerville, "Seattle Passes Law Letting Uber, Lyft Drivers Unionize," Reuters, December 14, 2015, https://www.reuters.com/article/us-washington-uber/seattle-passes-law-letting-uber-lyft-drivers-unionize-idUSKBN0TX2NO20151215.
29. US Chamber of Commerce, "U.S. Chamber Files Lawsuit Challenging Seattle's Drivers' Union Ordinance," March 3, 2016, https://www.uschamber.com/press-release/us-chamber-files-lawsuit-challenging-seattle-s-drivers-union-ordinance.
30. Daniel Weissner, "U.S. Court Revives Challenge to Seattle's Uber, Lyft Union Law," Reuters, May 11, 2018, https://www.reuters.com/article/us-uber-seattle-unions-idUSKBN1IC27C.
31. Kurt Vandaele, "Will Trade Unions Survive in the Platform Economy? Emerging Patterns of Platform Workers' Collective Voice and Representation in Europe," Working paper, European Trade Union Institute, 2018, 6, accessed April 10, 2021, https://www.etui.org/publications/working-papers/will-trade-unions-survive-in-the-platform-economy-emerging-patterns-of-platform-workers-collective-voice-and-representation-in-europe.
32. Vandaele, "Will Trade Unions Survive in the Platform Economy?"
33. John W. Boudreau, "Are Unions Tomorrow's Work Platforms?," Visier, September 25, 2018, https://www.visier.com/clarity/are-unions-tomorrows-work-platforms/.
34. "STUNT & SAFETY 2014 TV/Theatrical Contracts Digest," Sag-Aftra, accessed April 9, 2021, https://www.sagaftra.org/files/stunt_safety_digest_2014.pdf.
35. Adam Davidson, "What Hollywood Can Teach Us about the Future of Work," New York Times, May 5, 2015, https://www.nytimes.com/2015/05/10/magazine/what-hollywood-can-teach-us-about-the-future-of-work.html.
36. "CAPS Payroll," accessed April 10, 2021, https://www.capspayroll.com/.
37. John Marcus, "More Students Are 'Stacking' Credentials en Route to a Degree," *Wired*, June 2, 2020, https://www.wired.com/story/students-stacking-credentials-route-degree/.
38. "Persistence & Retention: 2019," National Student Clearinghouse Research Center, July 10, 2019, https://nscresearchcenter.org/snapshotreport35-first-year-persistence-and-retention/.
39. "Completing College: 2019 National Report," National Student Clearinghouse Research Center, December 2019, https://nscresearchcenter.org/wp-con tent/uploads/Completions_Report_2019.pdf.
40. Evelyn Ganzglass, "Scaling 'Stackable Credentials,'" Center for Postsecondary and Economic Success at the Center for Law and Social Policy (CLASP), March 2014, 7–8, https://www.clasp.org/sites/default/files/public/resources-and-publications/

files/2014-03-21-Stackable-Credentials-Paper-FINAL.pdf.
41. Lynda Gratton and Andrew Scott, *The 100-Year Life: Living and Working in an Age of Longevity* (London, England: Bloomsbury Business, 2017), http://www.100yearlife.com/the-book/.（リンダ・グラットン、アンドリュー・スコット『LIFE SHIFT：100 年時代の人生戦略』東洋経済新報社）
42. Jeff Schwartz, Kelly Monahan, Steve Hatfield, and Siri Anderson, "No Time to Retire: Redesigning Work for our Aging Workforce," Deloitte, December 7, 2018, https://www2.deloitte.com/us/en/insights/focus/technology-and-the-future-of-work/redesigning-work-for-our-aging-workforce.html.
43. "Are We All Becoming Freelancers?," SwissLife, June 6, 2017, https://www.swisslife.com/en/home/hub/are-we-all-becoming-freelancers.html.

Chapter8　組織はこうして生まれ変わる

1. Kari Naimon, "Deconstruct to Reconstruct How Providence Health System Built an Internal Talent Marketplace," Institute for Corporate Productivity (i4cp), February 10, 2021, https://www.i4cp.com/productivity-blog/deconstruct-to-reconstruct-how-providence-health-system-built-an-internal-talent-marketplace.
2. Emily DeCiccio, "'Planning is the Antidote to Panic': Providence Hospital System Defies America's Slow Vaccine Rollout Trend," CNBC, January 4, 2021, https://www.cnbc.com/2021/01/04/providence-hospital-system-defies-americas-slow-vaccine-rollout-trend.html.

マーサージャパン

組織・人事、福利厚生、年金、資産運用分野を専門とするグローバル・コンサルティング・ファーム。全世界約25,000名のスタッフが43カ国をベースに、130カ国でクライアント企業と共に多様な課題に取り組み、最適なソリューションを総合的に提供している。マーシュ・マクレナン（NYSE: MMC）グループの一員として、日本においては40年以上の豊富な実績とグローバル・ネットワークを活かし、あらゆる業種の企業・公共団体に対しビジネスを展開。組織変革・人事制度・福利厚生・退職給付制度の構築、M&Aアドバイザリー・サービス、グローバル人材マネジメント基盤構築、給与データサービス、年金数理、資産運用に関するサポートなど、「人・組織」 を基盤としたコンサルテーションを行っている。

［監訳者］

松見純子（まつみ・じゅんこ）

マーサージャパン　組織・人事変革コンサルティング部門プリンシパル。日系・外資系企業の組織・人事戦略策定、グローバルガバナンス、役員報酬、リーダーシップ開発、従業員エンゲージメント、組織開発等、幅広い領域でのプロジェクトを多数リード。Mercer "Global Talent Trends", "When Women Thrive, Business Thrive", "Performance Transformation in the Future of Work" 執筆にも参画。ロンドン・ビジネス・スクール修了（MSc）。

塩澤美緒（しおざわ・みお）

マーサージャパン　組織・人事変革コンサルティング部門アソシエイト・コンサルタント。総合商社を経て現職。日系・外資系大手企業に対する組織・人事戦略策定、人事制度設計・導入支援、役員報酬設計、グローバル人事戦略・共通人事制度設計、組織開発等、多岐にわたるプロジェクトに従事。一橋大学法学部卒業。

逸見勇貴（へんみ・ゆうき）

マーサージャパン　組織・人事変革コンサルティング部門アソシエイト・コンサルタント。生命保険会社を経て現職。人事制度設計、海外子会社の役員報酬ガイドライン策定支援などのプロジェクトに従事。特に、日系大手企業の海外子会社のガバナンス体制の構築および組織設計分野を中心とした知見を有する。慶應義塾大学経済学部卒業。

［監訳協力者］

山内博雄
ヘレラ純代
天野絵里

［著者］

ラヴィン・ジェスターサン（Ravin Jesuthasan）

マーサーのトランスフォーメーション・サービス事業のグローバルリーダー。未来の仕事とワークフォース・トランスフォーメーションに関する世界的なオピニオンリーダー、フューチャリスト、著者として知られる。世界経済フォーラムで、仕事の変革とグローバル人材に関する画期的な研究「HR4.0：第4次産業革命における人材マネジメント」（HR4.0）をはじめ、数多くの研究プロジェクトを主導。PBSのドキュメンタリーシリーズ「仕事の未来」（*Future of Work*）のアドバイザー。本書以外の著書に*Reinventing Jobs*（『仕事の再構築』）、*Lead the Work*（『仕事の再定義』）がある（いずれもジョン・W・ブードローとの共著）。

ジョン・W・ブードロー（John W. Boudreau）

南カリフォルニア大学マーシャル・スクール・オブ・ビジネス（MBA）名誉教授（経営・組織学）。同大学Center for Effective Organizationsリサーチ・ディレクター。組織を持続的成長軌道に乗せるための人材の活用と開発、HR戦略、人事情報システムなどを研究。スタートアップからグローバル企業、政府機関、非営利団体まで、多くの組織のアドバイザーを務めている。全米HRアカデミー理事、国境なき医師団資源計画委員、企業生産性研究所理事としても活動。

仕事の未来×組織の未来

──新しいワークOSが個人の能力を100％引き出す

2023年3月28日　第1刷発行

著　者──ラヴィン・ジェスターサン／ジョン・W・ブードロー
訳　者──マーサージャパン
発行所──ダイヤモンド社
〒150-8409　東京都渋谷区神宮前6-12-17
https://www.diamond.co.jp/
電話／03･5778･7730（編集）　03･5778･7240（販売）
装丁────吉林優
DTP────アオゾラ・クリエイト
製作進行──ダイヤモンド・グラフィック社
印刷────加藤文明社
製本────本間製本
編集担当──久世和彦

ISBN 978-4-478-11738-5